系统优化与能源管理创意系列丛书

综合能源系统脆弱性分析及优化运行

潘 华 著

上海财经大学出版社

图书在版编目(CIP)数据

综合能源系统脆弱性分析及优化运行/潘华著. —上海:上海财经大学出版社,2021.10

(系统优化与能源管理创意系列丛书)

ISBN 978-7-5642-3848-3/F·3848

Ⅰ.①综… Ⅱ.①潘… Ⅲ.①能源经济-研究 Ⅳ.①F407.2

中国版本图书馆 CIP 数据核字(2021)第 195330 号

□ 策划编辑 王永长
□ 责任编辑 石兴凤
□ 封面设计 贺加贝

综合能源系统脆弱性分析及优化运行

潘 华 著

上海财经大学出版社出版发行
(上海市中山北一路 369 号 邮编 200083)
网 址:http://www.sufep.com
电子邮箱:webmaster@sufep.com
全国新华书店经销
江苏凤凰数码印务有限公司印刷装订
2021 年 10 月第 1 版 2021 年 10 月第 1 次印刷

710mm×1000mm 1/16 9.75 印张 159 千字
定价:56.00 元

前　言

随着世界的不断进步以及人类的能源消费方式的改变，传统的单一供电网络已无法满足社会发展的需要。各国纷纷在能源的供给及利用方式上进行能源转型，能源供给侧方面，在传统的火力发电、水力发电的基础上增加了风电、光伏等清洁能源；能源输配上则由传统的电力网扩展为电力网络、天然气网络、热能网络以及冷能网络等；能源的消费方式也从单一的用电负荷扩展为电—热—气—冷等多种用能方式。在这种错综复杂的能源生产—输送—消费的供应链上，各国对新型的能源体系都有着自己的见解，而应用最多的便是综合能源系统(Integrated Energy System，IES)。

综合能源系统是指一定区域内利用先进的物理信息技术和创新管理模式，整合区域内煤炭、石油、天然气、电能、热能等多种能源，实现多种异质能源子系统之间的协调规划、优化运行、协同管理、交互响应和互补互济，在满足系统内多元化用能需求的同时，要有效地提升能源利用效率，促进能源可持续发展的新型一体化的能源系统。IES 特指在规划、建设和运行等过程中，通过对能源的产生、传输与分配(能源网络)、转换、存储、消费等环节进行有机协调与优化后形成的能源产供销一体化系统。它主要由供能网络(如供电、供气、供冷/热等网络)、能源交换环节(如冷—热—电联产机组、发电机组、锅炉、空调、热泵等)、能源存储环节(储电、储气、储热、储冷等)、终端综合能源供用单元(如微网)和大量的终端用户共同构成。IES 作为耦合多种能源的复杂能源网络系统，其基础是不同能源供给网络的安全性及脆弱性，其目标是通过多能耦合提升能源利用效率并进一步实现不同能源主体的利益最大化。随着对能源的迫切需求以及对 IES 研究的深入，IES 从低级到高级、从简单到复杂以及时间与空间上的耦合不断地演化。在演化过程中，从网络安全的角度来看，分析 IES 在不同故障下的健壮性并对IES中的脆弱环节进行识别是保障系统安全的首要前提；从能源供给的角度来看，基于IES实现风电、光伏以及光热等清洁能源的消纳，能够缓解化石能源短缺的压力；从优化运行的角度来看，实现IES的优化运行能够从能源转化的角度减少能源的浪费；从利益分配的角度来看，合理的利益分配能够有效调动不同IES运营商的积极性与主动性。鉴于此，全书以系统、科学的思想为基础，以复杂网络理论、智能优化方法、Shapley值法、群体重心理论、Nash谈判理论以及信息间隙决策理论作为研究的主要方法，对综合能源系统的网架结构进行脆弱性分析，对IES的不同利益主体进行均衡利益分配以及对IES的可再生能源消纳策略和优化运行方式进行了研究。

全书共分为6章：第1章是相关文献综述及问题的提出。第2章是利用复杂网络理论对IES的脆弱性进行分析，引入网络破碎度、连通因子、供能效率比3个分析指标，模拟IES在受到不同模式的破坏时，通过分别观察不同故障下电—气—热综合能源系统的网络破碎度、连通因子、供能效率比的变化曲线，综合分析IES在不同故障下的健壮性并对IES中的脆弱环节进行识别。第3章是对IES市场主体进行划分并进行利益分配，引入风险分摊、投入程度、协作优化、环境污染四类收益分配指标，运用熵权法对指标赋权，建立了云重心法修正的Shapely值法利益分配模型，从而兼顾全局效益最优与利益分配公平。第4章是对IES的可再生能源消纳策略进行研究，建立了含地源热泵及光热电站的IES调度优化模型，针对风电、光伏以及光热出力的不确定性采用信息间隙决策理论进行处理，提出了风险规避鲁棒调度模型，分析了IES在光热电站及地源热泵的辅助参与下对系统的运行成本及碳排放成本的有效降低，找出了不同调度成本下相对应的不确定性参数，通过蒙特卡洛模拟验证了本书所提模型的有效性。第5章是有关IES优化运行的研究，对IES中的供能设备燃气轮机进行“以热定电”“以电定热”的运行模式划分以及冬季、夏季的不同用能负荷需求划分，得出了四种IES的运行场景，通过布谷鸟搜索算法对高维非线性模型进行求解，对比分析了不同场景下对应的IES中各设备的出力情况及系统运行成本，对比不同启发式算法下求解所得结果，得出了布谷鸟搜索算法（Cuckoo Search algorithm，CS）求解效果最优的结论。第6章是全书的总结。

全书的主要创新之处表现在以下几个方面：

(1)为了使综合能源系统网络脆弱性分析更加准确，进而更加精准地发现系统中潜在的薄弱环节，本书根据综合能源系统中多能源耦合的特点，采用复杂网络分析方法对以往传统的脆弱性分析指标进行改进，建立适用于综合能源系统的脆弱性分析指标，为建立安全、可靠的综合能源系统提供参考与决策支持。

(2)节点重要度等网络特征参数的引入解决了度数相同的情况下无法对节点进行合理排序的问题，也证明了在综合能源系统中耦合元器件或与耦合元器件相关联的节点对于系统的健壮性起到较为重要的作用。

(3)选用改进后的Shapley值模型并引入了风险分摊、投入程度、协作优化和环境污染四个影响因素来对利益分配模型进行修正，考虑因素全面、细致，大大提高了利益分配结果的客观性，可以清楚地体现各主体在运营过程中欠缺的地方。

(4)本书介绍了多种利益分配的方法以及权重计算的方法，最终选用AHP-熵权法来计算影响因素权重，避免了权重计算过程中过于主观的弊端；引入客观权重法，提高了计算结果的准确性。

(5)本书在供能结构中引入光热电站及地源热泵，充分利用了两者作为无碳源的特性以及运行灵活性，可有效提升系统能源转化效率以及降低系统碳排放。针对传统不确定性参数的处理方法，随机规划计算量繁杂、鲁棒优化不确定集上下限难以精确确定以及模糊规划难以准确获取不确定参数的概率分布，研究采用信息间隙决策理论进行处理，从决策者的角度将参数的不确定性与调度成本定量结合，实现了不确定性的可视化。

(6)本书针对不同的用能负荷需求以及IES运行模式的限制，划分了多种IES运行场景，可有效地将IES不同场景的运行状况进行分析，择优选取。模型采用新型的智能优化算法——布谷鸟搜索算法进行求解，所得计算结果相比粒子群算法、遗传算法所得结果更优。

目 录

第1章　绪　论

1.1　研究的背景及意义

1.1.1　研究的背景

1. 新一轮能源革命

随着新一代能源技术和新一代信息技术的快速发展和广泛应用，新一轮能源革命应运而生。回顾历史，人类社会现代文明的每一次进步都伴随着能源革命，能源革命引发了工业革命。新一轮能源革命，就是要在能源生产环节实现清洁化并逐步用清洁能源替代化石能源，大力推进煤炭清洁、高效利用，着力发展非煤能源，形成煤、油、气、核、新能源、可再生能源多轮驱动的能源供应体系，在能源消费环节不断扩大电气化应用，推动人类社会进入一个以网络为支撑、以人类智慧驱动发展的文明时代。从全球范围看，新一轮能源革命正推动人类能源利用从以化石能源为主向以清洁能源为主转型，其涉及经济社会、供给消费、技术发展、体制机制等方方面面，范围十分广泛。随着物联网、云计算、大数据、人工智能、虚拟现实等新一代技术的快速发展，可再生能源技术以及能源改革进程加快，能源综合服务已成为提升能源效率、降低用能成本、促进竞争与合作的重要发展方向。世界各国都在根据自身的需求制定适合自身发展的综合能源发展战略。[1]

2.“四个革命、一个合作”的能源安全新战略

进入新时代，随着我国经济的快速发展和能源需求的大幅增长，能源发展面临资源和环境的巨大挑战。与此同时，能源安全又直接关系着经济发展和社会

民生,也是关乎国家能源工业安全与稳定的重要因素之一。面对能源供需格局新变化、国际能源新形势,习近平总书记于 2014 年 6 月提出“四个革命、一个合作”的能源安全新战略,明确了我国能源革命的方向,引领我国能源发展的趋势。习近平强调,能源安全是关系国家经济社会发展的全局性、战略性问题,对国家繁荣发展、人民生活改善、社会长治久安至关重要。面对能源供需格局新变化、国际能源发展新趋势,保障国家能源安全,必须推动能源生产和消费革命。中共十九大报告进一步提出推进能源生产革命和能源消费革命,构建清洁低碳、安全高效的能源体系,为我国能源发展指明了方向。当前,我国能源发展正处在爬坡过坎、转型跨越的关键期,面对纷繁复杂和急剧变化的形势,要把握历史机遇、破解发展难题,贯彻落实党的十九大部署,必须有科学的理论指导和战略指引,必须以高度的战略自信和战略定力,更加全面、系统、深入地贯彻执行“四个革命、一个合作”的能源安全新战略,持续发力。[2]

3.“碳达峰”“碳中和”目标

2020 年 9 月,习近平主席在第七十五届联合国大会一般性辩论上发表重要讲话,表示中国政府承诺:“将提高国家自主贡献力度,采取更加有力的政策和措施,二氧化碳排放力争于 2030 年前达到峰值,努力争取 2060 年前实现碳中和。”实现“碳达峰”“碳中和”目标,核心是推动能源低碳转型和能源革命,本质措施是控制和缩减化石能源消费量、增加可再生能源发电比例、提升社会整体能效水平。当前,我国新能源正从补充型电源逐步向主力型电源发展,传统的以单一系统纵向延伸为主增加可再生能源发电比重的能源发展模式,将不能满足能源革命在保障能源安全、提高能源效率和促进新能源消纳等方面的要求。

4. 基本结论

在上述背景下,综合能源系统的概念由此而生。建设综合能源系统可以提升能源利用率、推动能源消费的低碳化发展,是实现我国能源革命以及“碳达峰”“碳中和”目标必备的技术与管理平台。综合能源系统打破传统的单一能源供应的规划、设计、建设和运行等形式,有效地协调与优化多种能源的配置、转化、储存、消费等部分,使各种资源的综合利用率达到最大化。随着未来综合能源系统的发展,其规模将不断扩大,其可靠、安全运行难度随之增大。系统一旦出现重大故障,若系统能源装备故障预防与保护不当,则将会导致事故发生甚至发展为大规模的、影响范围广的能源供应链断裂事故,这必将带来严重的经济损失。未来综合能源系统的安全运行将直接关系着国家的经济发展和社会民生，是保证我国生产生活安全、稳定进行的重要条件之一。因此，为了贯彻“四个革命、一个合作”的能源安全新战略，确保综合能源系统可靠、安全地运行，对综合能源系统进行脆弱性分析及优化控制研究就显得十分必要。

1.1.2 研究的意义

1. 发展综合能源系统是推动我国能源革命、助力实现“双碳”目标的重要途径

未来能源将会朝着清洁化、智慧化、去中心化、综合化(“四化”)方向发展。能源利用形式将会呈现冷、热、电、气能源在供应、传输、消费和转化环节的综合优化利用趋势。作为能源互联网的物理载体，综合能源系统以“四化”为基本特征，以“两高三低”(“两高”：系统综合能效的提高、系统运行可靠性的提高；“三低”：用户用能成本的降低、系统碳排放的降低和系统其他污染物排放的降低)为目标，整合冷、热、电、气等多种能源资源，打破传统单一能源发展的技术壁垒、市场壁垒和体制壁垒，实现多能源的互补互济和协调优化，有效提升能源利用效率，促进能源的可持续发展。因此，发展综合能源是实现我国能源革命必备的技术与管理平台，是我国能源变革的重要举措和能源发展趋势，是推动能源生产与消费革命的重要手段，有利于推动能源转型，助力实现双碳控制目标。

2. 综合能源系统拓扑结构特性分析是脆弱性分析与优化控制的基础

为切实落实“四个革命、一个合作”的能源安全新战略、双碳控制目标，必须保证综合能源系统安全、稳定运行，因而需要对综合能源系统拓扑结构特性进行脆弱性分析与优化控制。而对综合能源系统进行脆弱性分析与优化控制，须首先根据综合能源系统的运行和结构特点构造完整的综合能源系统网络模型，并进行拓扑结构分析。近年来，已有学者对电力系统、天然气系统等单一传统能源系统的复杂网络结构特性进行了相关的研究。以往的大量研究通过网络参数计算与分析，表明传统电力、天然气系统等一些单一系统网络具有明显的小世界特性和无标度特性等复杂网络特性。而综合能源系统是由电力、天然气、供热供冷等多能源系统耦合而成的，具有更庞大的节点规模、更复杂的网络拓扑结构以及更深远的故障传播机制。单一能源系统的拓扑结构分析不能用于综合能源系统，需要考虑多能源相互耦合的特点。目前对单一能源系统网络拓扑结构特性

的研究已相对成熟，但对综合能源系统的相关研究尚处于起步阶段，缺乏系统的理论研究与详细的分析方法，因此有必要对综合能源系统拓扑结构特性的理论方法与详细分析进行研究。

3. 复杂网络视角下综合能源系统的脆弱性分析是目前研究的重点与薄弱环节

相较于传统的电力网络，综合能源系统中交叉互联的各种能源使得系统运行和控制的复杂程度大大增强，因此对系统可靠、安全的运行就提出了更高的要求。采用复杂网络理论对综合能源系统进行脆弱性分析，可以识别系统网络中的薄弱环节，评价系统的抗毁能力，为确保未来综合能源系统的安全、可靠运行提供有力保障。基于复杂网络的脆弱性研究正处在发展阶段，已被应用于天然气网络、电力系统及社会科学等领域。目前已有学者从复杂网络视角下对综合能源系统的脆弱性研究进行了展望，但具体研究甚少，尚处于起步阶段，因此需要从复杂网络的角度，深入研究和分析综合能源系统耦合的级联失效和多网络耦合体等脆弱性问题。

4. 考虑脆弱性的系统优化控制是构建安全、高效、清洁、低碳的综合能源系统的关键

目前在综合能源系统中，电力系统、天然气网、热网等的能流分析模型及其各类设备的能流转换模型并不相同。各能源系统的运行相对独立，系统间缺乏必要的交流互动，多能设备之间难以相互配合，能源利用率较低，需要根据多能流系统的动态性能和耦合关系，结合多能流系统的物理特性，建立综合能源系统优化控制数学模型，提出保障系统安全可靠、提高能源利用效率与经济效益的优化运行方法。综合能源系统的运行与传输十分复杂，而随着系统规模的不断扩大以及各能源耦合程度的不断加强，关键性节点的故障将会对整个能源系统的安全稳定运行造成更大影响。目前对综合能源系统优化运行的研究较少，且多集中于特定场景下，以经济、低碳、高效等为目标，以供需平衡、容量限制、出力爬坡及转换效率等为约束条件，构建综合能源系统运行优化模型。对综合能源系统优化运行的研究，多考虑系统的经济性与环保性，甚少考虑系统的脆弱性与可靠性，因此，亟须在考虑脆弱性的基础上对综合能源系统进行优化控制。

5. 运用新型智能优化算法是综合能源系统优化运行的可靠途径

综合能源系统优化运行模型的求解属于高维、非线性、多约束的优化问题，

求解过程较为复杂。传统优化算法在面对高维多峰的复杂问题时,存在早熟收敛和收敛性差等缺点,容易陷入局部最优。针对此类问题,国内外学者多采用粒子群算法、遗传算法等传统智能优化算法进行求解。为了进一步提高智能优化算法的性能,近年来国内外学者提出了许多新型智能优化算法,如布谷鸟搜索算法、萤火虫算法、蝙蝠算法、人工蜂群算法等。这些算法参数较少、运算速度快、全局搜索能力强,适用于解决高维多峰的优化问题。新型智能优化算法是求解综合能源系统优化运行的可靠方法,也是一种趋势。

1.2 综合能源系统简介及发展现状

1.2.1 综合能源系统简介

能源是人类赖以生存和发展的基础,是经济社会发展的命脉。提高能源效率、保障能源安全、促进可再生能源消纳和推动环境保护已经成为解决社会经济快速发展过程中日益凸显的能源需求增长与能源紧缺、能源利用与环境保护之间矛盾的必然选择。综合能源系统是打破供电、供气、供冷/热等各种能源供应系统单独规划、单独设计和独立运行的既有模式,对各类能源的分配、转化、存储和消费等环节进行有机协调与优化,充分利用可再生能源的新型区域能源供应系统,是能源互联网的物理载体。典型的综合能源系统基本构成如图1—1所示。综合能源系统已成为国内外能源领域未来发展的重要战略方向。开展综合能源系统相关技术的研究,掌握关键核心技术,对推动我国能源战略转型,构建“清洁低碳、安全高效”的现代能源体系,扩大我国在国际能源领域的影响力具有重大战略意义。

综合能源系统属于新型的智能能源系统,是能够实现精细化、系统化和集成化的使用能源系统,能够使综合能源系统的利用率得到有效的提高,同时,还能够实现多能源互补等技术的应用。综合能源系统可以根据地理环境和地理因素等不同被分成多个不同种类。随着社会的不断发展,综合能源系统已经能够实现多种不同能源之间的协同优化,使能源得以进一步互补,进而有效地提高再生能源的利用率,从而在一定程度上减少使用化石能源;而且,综合能源系统能够实现能源梯级利用,进一步有效地提高能源的综合利用率。

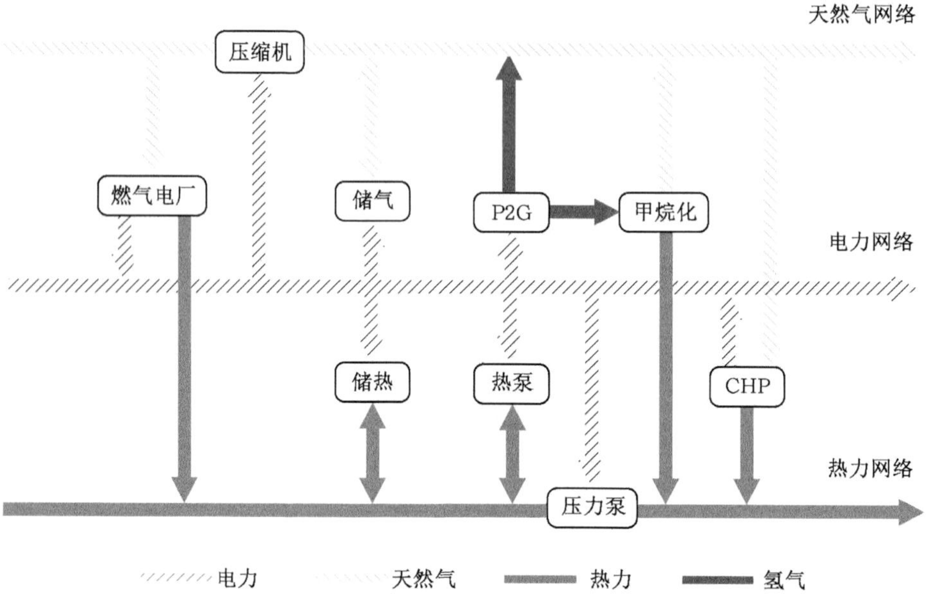

图 1—1　典型的综合能源系统基本构成

随着能源与环境保护带来的持续压力以及可再生能源的深入挖掘，一些与能源耦合相关的关键性技术得到了迅速发展，如天然气发电、可再生能源供热、蓄冷空调、地源热泵、冷热电联供（Combined Cooling, Heating and Power, CCHP）[3]等。随着社会发展，天然气、电力以及冷热能源系统由原先的单独规划、单独设计、独立运行逐渐转变为相互协调、互联互通的供应模式，解决了缺乏协调造成的一系列问题，提高了能源利用率、能源供应系统的稳定性和安全性。[4]综合能源系统、微电网技术、虚拟电厂（Virtual Power Plant, VPP）技术以及其他相关概念的提出对能源互联网的发展提供了技术基础。在电力、能量转换、分配和存储技术以及信息技术方面，综合能源系统使能源互联网能够有效利用大量的分布式可再生能源，实现能源双向流动，按需传输以及能量与信息的动态平衡。鉴于各能源的特性，能源互联网的特点包括多种能源、区域性去中心化以及能源间的互联互耦。从能源互联网的物理结构看，综合能源系统可分为跨区域、区域和用户 3 个级别。[5]由于电力系统在能量传输以及能源的高效利用方面起重要作用，分布式系统作用于可再生能源的相互耦合，因此综合能源系统侧重于区域级和用户级。从广义看，综合能源系统涉及人类社会能源产生、运输、分配、消纳环节，需要以人类社会永续发展为基本前提，立足实际，着眼全局，认识、研究和分析能源问题。因此从广义的角度直接研究和实践综合能源系统的难度极大。从狭义看，综合能源系统是由分布式终端综合能源单元系统和与之相耦合的集中式能源供应网络共同构成的，是初期开展综合能源系统研究和实践的有利视角。欧美国家如欧盟的微网系统、美国的综合能源系统——冷热电联供系统，加拿大的ICES(Integrated Community Energy System，社区级综合能源系统)在研究初期均选择从狭义的综合能源系统入手。

目前，中国是世界上第一位能源生产国和消费国。能源供应持续增长，为经济社会发展提供了重要的支撑。[6-7]国家加快发展现代能源产业，坚持节约资源和保护环境的基本国策，把建设资源节约型、环境友好型社会放在工业化、现代化发展战略的突出位置。目前国内新能源资源存在分布不均、能源利用率不高等问题，面临能源消纳难题。[8]结合"能源互联网"概念的区域能源综合利用已成为国内外研究热点，为新能源消纳提供新思路。[9-11]

现阶段，我国部分地区已经开始应用以分布式冷热电联供为代表的综合能源系统。它能够将电力系统和供暖、供冷以及供气系统有效地结合在一起。总的来说，综合能源系统能够有效地转换多种不同的能源形式。比如，综合能源系统可以将过剩电能转换为比较容易储存的其他能源，进而实现可再生能源的大规模消纳，使再生能源的利用率得到不断提高。这样一来，能源结构能够得到有效的调整，进而促进自身的可持续发展。另外，虽然各个能源系统有很大的差别，但是它们之间是相互联系的，所以，一旦其中一个能源系统出现了问题，其他能源系统就能够及时地获得相关的信息，进而通过能源之间的转换和互补作用来对其故障和缺陷进行有效的弥补，从而实现综合能源系统稳定、安全地运行。

1.2.2 综合能源系统发展现状

1. 国外发展现状

(1)欧洲

在综合能源系统的研究与应用方面，欧洲最早将理论付诸实践。在欧盟框架项目的引导下，欧洲各国开展了综合能源系统方面的研究。此外，欧洲各国还根据自身的特点和需求在欧盟框架外开展了该领域的研究。英国在综合能源系统的研究方面走在欧盟的前列。在英国工程与物理研究会的资助下，英国开展了多方面的关于综合能源系统的研究。研究领域包括新能源并网，各能源间的协同，建筑中能源效率的提升，以及能源、交通系统与基础设施三者互相影响的因素等方面。除了英国外，德国也开展了有关综合能源系统的研究，关注点落在通信系统与能源系统之间的耦合与交互上。以 E-Energy 项目为例，德国于 2008 年选择了 6 个试点地区，开展了关于智能发电、智能电网、智能用电以及智能储能 4 块内容的研究。

区域综合能源规划系统是在地域上实现能源综合利用与分布式利用的系统。它根据区域实际负荷需求（如用电负荷、热负荷、冷负荷等），进行区域内的能源（如风电、光伏、电网、燃机、储能系统等）综合分配，对各类能源容量进行优化设计，能够得到满足区域负荷需求的综合能源。

英国卡迪夫大学工程学院能源研究院的吴建中教授认为，综合能源系统除了包括各类能源之间如何分配，还包括能流耦合与综合能源系统控制策略的研究。综合能源系统研究面临的主要问题是如何理解、量化进而优化多种能源的融合与互动。[12]英国政府和企业致力于建立可持续发展的能源系统，在能源综合利用方面的研究主要集中于分布式能源研究和利用。英国已经在苏格兰建立了新虚拟能源系统（Virtual Execution System，VES），并且项目第一阶段已经启动，以负荷为导向，结合分布式能源与波动的可再生能源发电，将当地的电力网络、燃气网络、热网等连接到一个可控的总体系统中。该项目的关键技术在于如何将分布式能源、新能源发电与负荷紧密结合并优化配置，起到可再生能源削峰填谷的作用。

德国也对综合能源规划系统进行了积极的研究，并形成示范项目。德国 Reg-ModHarz 项目主要包括 2 个光伏电站、2 个风电场、1 个生物质发电，共 86MW 发电能力。该项目的特别之处在于用电侧整合了储能设施、电动汽车、可再生能源和智能家用电器的虚拟电厂，丰富了配电网系统的调节控制手段，为分布式能源系统参与市场调节提供了参考。为了使区域综合能源系统能够根据负荷与市场需求进行调节，科研人员开发设计了一个控制平台，对外接的电气设备实行标准化的数据结构和设备服务，可独立于生产厂商支持建筑自动化和能效管理。从该项目运行现状来看，综合能源系统能够平抑新能源发电的不稳定性，为综合能源系统市场开发提供依据。

(2)美国

2001年,为了提高清洁能源的占比,提高供能系统的经济性和稳定性,美国对冷热电联供技术以及分布式能源技术进行了应用和推广,第一次提出了综合能源系统发展计划。2007年,美国颁布了《2007能源独立和安全法案》,将综合能源规划作为能源供应的明确要求。2011年起,美国天然气使用比例逐渐攀升,超过了总能源的1/4。为了应对该趋势,美国能源部、自然科学基金会等机构设立了多项课题,研究天然气与电力系统相互耦合的综合能源系统。

美国在综合能源系统规划软件研发方面成果颇丰。成果包括美国电力可靠性技术协会开发的DER-CAM软件[13]、美国国家可再生能源实验室开发的HOMER软件[14]、美国乔治亚理工学院开发的μGrid软件。美国DER-CAM软件拥有系统规划和运行分析两个版本。系统规划版本与现有的大部分综合能源规划软件类似,以区域分布式能源系统年供电成本最低和温室气体排放量最少为目标。负荷需求包括供冷、供热、供电、供气。区域能源类型包括光伏、光热、热电厂、储能、储热等,考虑能源系统中用能设备、供能设备的装机成本和运行维护费用,结合区域负荷和环境因素,得到一个最优的分布式能源系统规划方案。运行分析版本则采用混合线性规划模型,以综合能源系统能耗或运行成本最低为目标进行规划设计。HOMER由美国国家可再生能源实验室研发,是适用于小功率可再生能源系统的规划分析软件。主要功能包括系统仿真、优化以及敏感性分析。HOMER的负荷类型较少,包括热负荷、电负荷和用氢负荷,区域内能源输入类型主要有可再生能源、电网、储能(电储能、储氢)。该软件以净现值成本最低为寻优目标,能够为区域内新能源并网、供热、用氢需求规划设计方案。美国乔治亚理工学院研发的μGrid软件主要针对微电网系统,不考虑设备联产热/冷和储能,系统输入仅包括分布式供电设备。该软件被用于分布式微网系统评估、稳态分析、动态分析、控制方案设计等方面,具有较强的建模分析能力。

(3)日本

日本能源稀缺,是主要依赖能源进口的国家。为提升能源利用效率,日本也相应开展了综合能源系统的研究,为亚洲研究最早的国家。2009年9月,日本政府公布了2020年、2030年以及2050年的减排战略目标。与加拿大类似,综合能源技术在能源效率提升、结构优化和系统稳定方面起到了至关重要的作用。

以NEDO(The New Energy and Industrial Technology Development Organization,日本新能源产业的技术综合开发机构)提议展开的智能微网与智能社区的研究为例,日本政府为综合能源系统的研究提供了大力支持。

2. 国内发展现状

中国在综合能源系统的研究与开发方面先后启动了973计划、863计划、国家自然科学基金研究计划等,并与英国、德国、新加坡等国开展了国际合作。国网公司、南网公司、清华大学、天津大学、河海大学、华南理工大学、中国科学院等研究单位在综合能源专业领域已形成稳定的具备一定的研究方向和实力的科研团队。

目前国内已有许多关于分布式可再生能源综合规划系统的研究,包括东南大学电气工程学院[15]、清华大学电力系统自动化及发电设备控制和仿真国家重点实验室[16]、上海交通大学[17]、上海电气集团[18−19]、中国科学院广州能源研究所、天津大学。东南大学电气工程学院王珺认为综合能源系统中的冷热电联供系统因为其能量利用率高等优点已成为综合能源系统的主要研究方向之一。她提出一种结合热网的多区域综合能源系统协同规划模型,对多能流与负荷间耦合方式建立整数线性规划模型,并进行案例验证,结果表明为区域进行综合能源规划系统定制化设计,能够实现多区域的综合能源供需配比,提升各类能源的综合利用率,经济性也显著提升。甘霖、陈瑜玮等人建立了一个包括可再生能源供电、储能以及供热、供热系统的综合能源优化模型。模型以区域综合能源系统装机成本与运营成本最低为目标,进行各类能源装机配比优化设计。该模型供能侧由于包括储能,因此使模型在寻优过程中更易收敛,得到综合成本最低的区域综合能源规划设计方案,满足区域负荷需求。上海交通大学的姜子卿、郝然等对工业园区的冷热电多能互补综合能源系统模型进行研究。该模型考虑多能源在价格、用能、需求特性上的差异性和CCHP机组的出力特性等,以系统装机与运维成本最低为寻优目标,建立了联系电网侧、供能侧、储能侧、需求侧多方联动的CCHP综合能源系统。结果表明,该模型能够提升区域能源与负荷的联动性以及能源的利用率,并且在满足区域负荷需求的情况下得到成本最低的能源配置方案,经济效益好。上海电气集团研发了分布式能源系统优化规划设计软件DES-PSO。该软件能够与资源、负荷数据库联动,通过分析数据库中区域资源配置与负荷需求情况,针对性地进行能源搭配与系统配置的优化设计,以投资成本、运行成本、购电量等为寻优目标，寻优过程中可能出现多种较优方案，对方案进行比选，最终得到适用于该区域的综合能源配置方案。该软件已经产业化并且经过4年的不断研究与优化，形成了第三代产品。中国科学院广州能源研究所研发了一款辅助设计软件。该软件包括区域能源价格数据库、冷/热负荷数据库、新能源数据库、制热/冷设备数据库等设计输入，还包括规划设计核心算法，可自行选择设备。软件通过规划设计计算得到成本最低的综合能源配置方案，为综合能源系统的经济性测算提供依据。天津大学为南方电网兆瓦级储能电站试点工程项目研发一款分布式储能规划系统。该系统针对新能源电厂面临的并网难题(如平滑输出、计划发电等)，为电厂进行储能系统整体规划、设计与经济性分析。该系统主要输入为电网侧、电厂供电与储能，更适用于解决新能源电厂的并网难题。

国家电网有限公司的同里综合能源服务中心于2018年建成投运，能源供应类项目包括多能综合互补利用项目、高温相变光热发电等；能源配置类项目包括微网路由器、源—网—荷—储协调控制系统等；能源消费类项目包括绿色充换电站、“三合一”电子公路等；能源服务类项目包括综合能源服务平台、综合能源展示中心等。项目建成后，整体构成“电网为平台、多能互补、智能配置”的新型区域能源互联网，形成一个集能源生产、服务、展示、研发、办公等为一体的绿色低碳园区，另外还有东莞交直流混合综合能源示范工程。国家重点研发计划项目课题“交直流混合的分布式可再生能源系统示范验证”，于2018年建成国内首个交直流混合综合能源示范工程。项目示范工程涵盖了数据中心、办公生活园区、工业园区典型的用能场景。工程包含风力发电、光伏发电、太阳能热发电及热利用、储电、储热等多类型分布式可再生能源互补系统，预计系统总容量不小于5.14MW，直流负荷占比不小于35%，可再生能源占比不小于61.5%。

1.3 综合能源系统网络脆弱性分析研究概况

传统方法多是基于还原论，从系统运行状态的角度对系统进行脆弱线路辨识，没有直接考虑系统的拓扑结构，且对参数和数据量的要求较高。然而，综合能源系统的复杂性与日俱增，各子系统之间深度耦合，其中还包括具有显著不确定性的可再生能源发电与各种能源形式的时空耦合。借助还原论研究系统可靠性的方法已难以为继，不断发展的复杂网络理论为此提供了新的理论工具。基于复杂网络理论的综合能源系统可靠性评估问题已有相关研究，文献[20]在改进复杂网络有关参数的基础上提出了综合能源系统可靠性分析指标，为综合能源系统规划提供了决策支持。文献[21]阐述了复杂网络视角下的能源互联网拓扑模型，探讨了用于辨识系统薄弱环节的理论基础，并据此归纳了脆弱性改善策略。文献[22]综合考虑综合能源系统的网络拓扑特性和供能设备的影响，改进了综合能源系统脆弱环节的辨识指标。文献[23]综合考虑网络拓扑结构和运行状态，并结合气网、热网延迟响应特性，构造了辨识综合能源系统脆弱节点的评价指标。文献[24]认为，综合能源系统具有典型的复杂网络特性，并从复杂网络视角对其脆弱性研究进行了展望。目前从复杂网络视角对综合能源系统的可靠性进行分析的研究较为匮乏，对综合能源系统的涵盖范围、耦合机制等方面的考虑尚不全面，缺少系统的理论研究与详细的分析方法，亟须对此进行深入研究。

由于复杂网络视角下综合能源系统脆弱性的相关研究资料甚少，更多集中对电力系统、天然气系统等单一能源系统复杂网络脆弱性的研究，因此借鉴了基于复杂网络的电力系统、天然气系统等的相关研究思路与方法。

电力系统作为综合能源系统的主要支架，与其相关的研究较早，相关研究资料也较为丰富。文献[25]利用复杂网络理论对电力系统建模的可行性进行了论述，并讨论了复杂网络理论在电力系统中的应用思路，为电力系统的脆弱线路辨识提供了研究方法。文献[26]基于复杂网络领域的渗流理论和相继故障研究分析智能电网中的电网、通信网双层耦合网络的脆弱性。文献[27]计算风电场接入电网前后和接入不同节点时负载率基尼系数，通过观察其变化情况，分析风电并网后电网的脆弱性变化情况。文献[28]将复杂网络理论运用于华中—川渝等电力系统，进行了脆弱性分析仿真，结果表明通过带权重的介数指标识别电力网络中脆弱线路的效果较好。文献[29]介绍了基于拓扑参数法和拓扑图分区法的复杂网络电力线路建模方法，进行了线路脆弱性辨识。

天然气系统领域方面，文献[30]基于复杂网络理论，构建城市燃气管网拓扑结构模型及评价指标体系，综合分析管网的关键节点位置及重要性排序，表明所建模型较清晰地显示管网节点所处位置并分析影响管网节点重要性的因素。文献[31]提出一种基于图论与复杂网络理论的天然气管道网络系统的建模方法，并对天然气管网的脆弱性与鲁棒性进行了分析。文献[32]表明复杂网络视角下天然气管网、元件面对不同种类的随机与蓄意攻击表现出不同的脆弱性，并对其进行具体分析。

相较于具有无标度或小世界网络特性的电力、天然气等原单一能源系统，综合能源系统具有更庞大的节点规模、更复杂的网络拓扑结构以及更深远的故障传播机制。同时，随着综合能源系统网络规模的不断扩大以及耦合程度的不断加强，关键性节点的故障将会对整个能源系统的安全、稳定运行造成更大的影响，需要从复杂网络角度分析多能源耦合后综合能源系统的脆弱性问题。

1.4 综合能源系统优化控制研究概况

综合能源系统相较于传统电网有较大差别，即能量流动更加复杂，优化控制涉及更多的利益主体。当前，电力系统与天然气系统、热力系统是相互独立、高度自治的系统，其运行控制由各自的运营机构独立执行，传统的集中式优化策略未必适用。同时，随着负荷和网络复杂度的增加，综合能源系统的稳定运行正面临巨大的挑战，各种极端的外部自然灾害给能源系统带来了严峻的挑战。这类灾难发生的概率虽小，但发生后的损失可能极为巨大。综合能源系统的网络潮流分析是优化运行的基础。目前，主要的网络潮流分析包括电力、天然气和热力 3 种形式。综合能源系统优化控制研究主要包括综合能源系统的多时段优化控制、综合能源系统的分布式优化控制、综合能源系统的不确定性优化控制、综合能源系统的多能耦合建模、动态特性建模和多能互补协调控制优化模型。

1.4.1 综合能源系统的多时段优化控制

从时间尺度来说，综合能源系统的优化调度方法研究经历了从单一时段优化到日前—日内优化再到滚动优化的阶段。张淑婷等人针对综合能源系统的运行，研究了基于供热系统储能特性的综合能源系统日前优化调度问题。[33]李勇等人提出了两阶段随机规划方法，在热—电—气综合能源系统中考虑负荷需求的不确定性进行日前经济调度。[34]白牧可等人采用区间法对光伏出力及负荷的不确定性进行区间描述，研究基于区间线性规划的综合能源系统日前优化调度方法。[35]郭尊等人考虑不确定性负荷和风电出力的极端场景，构建日前调度的两阶段鲁棒优化模型，得到所有极端场景均满足安全约束的日前调度策略。[36]

李正茂等人综合网内储能特性、分时电价、电热负荷与分布式电源的时序特征，提出基于电热联合调度的区域并网型微电网运行优化模型。[37]王子驰等人建立了能源用户的电力需求响应和热力需求响应模型，进而提出了考虑电热联合需求响应的区域综合能源系统日前多目标优化调度模型。[38]边晓燕等人建立了一种考虑经济性和可靠性目标的综合能源系统规划与运行相结合的多目标优化配置模型。[39]杜先波等人从设备动态特性建模，提出了一种基于多目标的综合能源系统日前—日内分层优化控制策略。[40]朱兰等人提出计及细节层次直接负荷控制的多时间尺度协调优化调度策略。[41]汤翔鹰等人提出了考虑多能灵活性的综合能源系统多时间尺度优化调度策略。[42]王磊等人提出一种基于分布式模型预测控制的综合能源系统多时间尺度优化调度方法，建立了以系统日运行经济最优、系统日运行费用及机组启停惩罚费用最小为目标的日前—日内滚动优化模型。[43]鞠文韬等人构建了基于柔性负荷响应的综合能源系统优化调度架构，建立了考虑综合柔性负荷响应的多时间尺度优化调度模型。[44]郑阳建立了考虑直接控制负荷和可中断负荷的综合能源系统日内实时优化运行模型。[45]

多时段的优化控制具有较高的准确性，但是会造成计算量增加，难以满足实时性的要求，尤其是在实时滚动阶段，对算法的时间复杂度提出了很高的要求。若能对特定场景下的数学模型进行具有针对性的优化，从而提高算法效率，以达到实时性的要求，则多时段的优化控制能得到更好的应用。

1.4.2 综合能源系统的分布式优化控制

面向具有多个平级运营商的多能源系统，可采用分布式算法，实现各系统间的协同运行，提升调度的自治性和灵活性。夏明超等人提出了一种上下层协同的双层分布式调度模型，通过交互协调各子系统的能源供应方式，实现整个区域内的能源优化调度。[47]吴为聪等人提出了一种基于罚凸凹过程（PCCP）的电—气综合能源系统分布式优化算法。该方法能高效求解任何拓扑结构的系统的分布式电—气综合能源系统最优多能流问题。[48]张浩禹等人建立了基于机会约束目标规划的多电—气互联综合能源系统分布式优化模型。[49]吴嘉豪等人提出一种多区域综合能源系统协调经济调度模型，不仅能实现各自区域内的电热功率平衡，还能实现不同区域间的电热互补。[50]王丹等人对分布式能源站（DES）进行综合建模，提出了一种基于混合整数线性规划的 DES 配置—运行协同优化方法。[51]周钰童等人将系统与电网热网的能量交互费用纳入总成本，结合分时电热价和典型日系统经济运行，采用遗传算法求解。[52]张海峰等人提出了一种考虑电转气(P2G)的电—气综合能源系统分布式最优能量流模型及分布式求解算法。[53]任娜等人建立以系统各能量成本最低为目标，以能量平衡和设备工作特性为约束的优化模型，采用一种区域收缩算法，加快寻优收敛速度。[54]张涛等人建立分布式能源系统的优化模型，求解得到不同系统的最优配置、运行策略和评价指标值。[55]

1.4.3 综合能源系统的不确定性优化控制

综合能源系统包含大量的不确定性因素，即可再生能源出力的不确定性、负荷预测误差以及测量信息误差。面对这些不确定性的挑战，现有的综合能源系统优化运行研究一般采用随机优化、鲁棒优化、区间优化3种方法。雷宇等人将发电机组的启停决策及启停决策下机组的发电计划制订视为两个阶段的决策问题，提出了一种解决含风电系统机组组合问题的两阶段随机规划方法。[56]张敏等人以投资运行成本最小及系统峰谷波动最小为目标，提出一种考虑风电不确定性的热—电耦合微能源系统多目标鲁棒规划方法，采用NSGA-Ⅱ和TOPSIS相结合的求解算法，实现多目标问题求解。[57]丁涛等人以区间数形式对不确定量进行刻画和建模，采用经济调度得到的优化解呈现为区间形式，将区间优化模型转化为两个确定性的数学规划问题。[58]张安安等人确立了综合能源系统不确定性因素与模型，提出一种天然气调压站压力能发电与制冷的综合利用模式及系统架构。[59]姚志力等人提出了一种计及风光不确定性的综合能源系统两层级协同优化配置方法。[60]刘文霞等人以提高能源利用效率为目标，基于冷/热/电联供系统构建了计及IDR(Integrated Demand Response，综合需求响应)的IES基本结构，提出了一种计及综合需求响应不确定性的综合能源系统设备优化配置方法。[61]罗金满等人基于能源价格的IDR项目实施特点，提出一种考虑IDR不确定性的IEGS(Integrated Electricity Gas System，电—气综合能源系统)优化运行模型。[62]王旭强等人以系统运行总成本最小为目标函数，提出一种考虑新能源—负荷双重不确定性的电—气互联综合能源系统分布鲁棒优化调度模型。[63]张津珲等人构建计及交通流量不确定性的三层鲁棒优化调度模型。[64]吴刚等人提出了一种基于拉格朗日乘子的机组日分解电量越限因素定位方法，并利用机会约束规划理论，构建含风电不确定性的优化调度随机模型。[65]王晶等人建立了考虑新能源出力不确定性的电气综合能源系统协同优化模型。[66]蒋超凡等人以日运行成本最低为目标，建立了计及多能耦合机组不确定性的综合能源系统运行优化模型。[67]王瑾然等人建立了计及负荷和光伏不确定性的区域综合能源系统日前多目标优化调度模型，从调度角度提出了通过系统自我调节、光伏有功削减、无功调节和电转气等控制方案。[68]

1.5 研究内容与研究方法

1.5.1 研究内容

1. 综合能源系统的网络拓扑结构分析

相对于单一能源系统，综合能源系统具有更庞大的节点规模、更复杂的网络拓扑结构以及更深远的故障传播机制，单一能源系统的拓扑结构不再适用。本部分包括两个方面：

(1)构建综合能源系统拓扑结构的复杂网络模型

大量基本元素(粒子)构成的大规模复杂系统具有集体行为，采用文献荟萃分析法、专家访谈法等，通过计量方法对数据进行信度及效度分析并建立新的转化规则，进而构建综合能源系统网络拓扑结构的复杂网络数学模型。

(2)综合能源系统拓扑结构分析

采用复杂网络分析法，对综合能源系统拓扑网络的平均路径长度、聚类系数和度分布等参数进行计算，进而判定综合能源系统是否具有小世界特性、无标度特性等复杂网络特性。通过节点的度数、节点与边介数等参数的计算来判断综合能源系统的网络节点与耦合元器件的重要程度，为系统脆弱性分析与优化控制奠定基础。

2. 复杂网络视角下综合能源系统的脆弱性分析

脆弱性可以用来表示一个网络在受到恶意攻击或者自然受损后依然保持其原有功能的能力。其中，网络的攻击策略按攻击对象可以分为节点攻击和线路攻击，按攻击方式可以分为随机攻击和蓄意攻击。为了使综合能源系统网络的脆弱性分析更加准确，进而更加精准地发现系统中潜在的薄弱环节，本部分将根据综合能源系统中多能源耦合的特点，采用复杂网络分析方法对以往传统的脆弱性分析指标，如网络破碎度、最大连通度、平均最短距离等进行相应的改进，引入供能效率比、连通因子等分析指标，并结合重要度等概念，建立一套适用于综合能源系统的脆弱性分析指标，为建立安全、可靠的综合能源系统提供参考与决策支持。

3. 综合能源系统消纳可再生能源策略研究

风能、太阳能等可再生能源的随机性、波动性和反调峰特性，对系统的安全、稳定和经济运行都将带来严重的负面影响。为此，本部分必须解决以下两方面内容：

(1)可再生能源出力的不确定性

采用多峰高斯分布、威布尔系数、人工神经网络等方法对可再生能源出力进行处理与预测，以减少对系统的冲击。

(2)综合能源系统消纳可再生能源能力评估

为准确掌握综合能源系统消纳可再生能源的能力，辅助综合能源系统的优化运行，基于可再生能源的日前功率预测，采用多重分形理论、NSGA-Ⅱ等方法对综合能源系统的消纳能力进行评估，探寻可消纳可再生能源的包络带。

4. 考虑系统脆弱性的综合能源系统的优化运行

为了保证综合能源系统更加安全、稳定、经济地运行，本部分研究根据综合能源系统的脆弱性分析，并考虑系统自身的硬件、软件、线路与环境的关系，以及可再生能源不确定性和系统消纳可再生能源包络带等，具体包括以下两个方面：

(1)构建综合能源系统的优化运行模型

结合电力系统、天然气网络、供热网络等各单一能源系统的物理特性及其之间的耦合转化关系，以系统的经济高效、安全可靠、绿色低碳等为目标，以系统的脆弱性、供需平衡、出力爬坡、容量限制、转换效率等为约束条件，构建综合能源系统的优化运行模型。

(2)综合能源系统优化运行模型的求解

采用布谷鸟搜索算法等新型智能优化算法对“以电定热”“以热定电”模式下的综合能源系统优化模型进行求解，并将其与粒子群算法、遗传算法等传统优化算法进行比较，探寻系统优化运行的最佳模式与求解方法。

5. 综合能源系统“发—配—储—用”主体利益分配机制设计

在满足综合能源系统脆弱性要求的基础上，为解决系统中“发—配—储—用”各主体的利益诉求，对其进行利益优化分配，调动各主体的积极性，消纳更多可再生能源，本部分从以下两个方面进行研究：

(1)综合能源系统各参与主体利益诉求分析

采用价值驱动理论，构建价值驱动理论模式下综合能源系统的利益分析模型，对综合能源系统各参与主体的利益进行分解，甄别系统各主体的根本利益诉求，为利益优化分配机制设计奠定基础。

(2)综合能源系统各参与主体的利益优化分配

依据利益诉求分析的结果，优化综合能源系统的交易机制，研究利益分配原则与机理，并采用夏普利值理论与合作博弈模型，对系统各主体利益进行优化分配。

1.5.2 研究思路和研究方法

1. 研究思路

本书对基于复杂网络的综合能源系统建模考虑反映系统结构与关系的两个因素，根据综合能源系统特性制定拓扑结构简化规则，通过编写 Python 语言及 Network X 中的算法，将综合能源系统网络拓扑图转化为具有节点与边的复杂网络模型，对综合能源系统网络的各种系统参数进行计算，通过对计算结果进行统计分析，结合复杂网络特性判断、推理并证明综合能源的复杂网络特性。脆弱性分析方面，在多网络耦合后需根据其特性的变化调整分析过程，根据单一能源系统的脆弱性分析指标与方法，结合各系统之间的耦合关系及综合能源系统的网络特性，建立起一套适合综合能源系统脆弱性的分析指标，采用复杂网络分析方法进行分析，并根据分析结果对综合能源系统中的脆弱环节进行优化控制。

采用多峰高斯分布、神经网络等方法对可再生能源的不确定性进行表示及预测，运用多重分形理论、NSGA-Ⅱ等方法进行消纳可再生能源能力评估。为保障综合能源系统的安全性、可靠性，在优化运行中考虑系统的脆弱性及可再生能源的不确定性，以经济、可靠、高效为目标，以脆弱性、供需平衡等为约束条件，建立综合能源系统的优化运行模型；然后采用布谷鸟搜索算法、蝙蝠算法等新型智能优化算法对综合能源系统在“以电定热”“以热定电”两种模式下进行求解，得到系统优化运行方案；最后依据价值驱动理论、合作博弈模型等，在分析综合能源系统各主体利益诉求的基础上，对系统各主体利益进行优化分配。

2. 研究方法

本书涉及管理学、经济学、能源科学、统计学、计算机科学和系统工程等多学科理论与方法，注重国外经验与中国国情、理论分析与实证研究、统计分析与模型优化、一般分析与典型分析的结合，针对所研究的问题选择合适的研究方法，同时注重不同方法的有效结合。

根据研究的主要内容和关键问题，本书的研究方法包括文献研究法、调查统计分析法、理论分析法、实证研究法和模型优化法。

(1)文献研究法

本书在查阅国内外能源电力大数据、电力等能源系统的脆弱性分析、综合能源系统优化控制、多源信息融合等相关研究领域文献的基础上，总结目前存在的不足，找准本研究的重、难点问题及切入点，提出相关研究内容和研究框架。

(2)调查统计分析法

为了全面构建综合能源系统拓扑结构、掌握影响其脆弱性的主要因素、对系统进行优化控制，需要对不同地区的不同主体进行数据采集与信息挖掘，向一些地方政府部门、电网企业和能源行业等单位展开实地调研，通过电话调查、网络调查、面谈调查等方式收集数据及设备参数等信息，在此基础上，运用不同的统计方法来进行理论与实证分析，从而确保相关分析的正确性和可靠性。

(3)理论分析法

本书在文献研究和调查统计的基础上采用复杂网络分析、社会网络分析等方法对综合能源系统进行拓扑结构及脆弱性分析；运用威布尔系数、多峰高斯分布、人工神经网络等表示可再生能源出力的不确定性或对其出力进行预测；采用多重分形理论、NSGA-Ⅱ等方法评估系统消纳可再生能源的能力，建立消纳包络带。

(4)实证研究法

为验证理论分析的正确性与可靠性，本书还需要深入挖掘自然环境、法规政策环境、产业结构等诸多指标对综合能源系统脆弱性的影响，找出系统中存在的问题，并结合数据异常处理方法、综合能源系统脆弱性分析等问题，确定综合能源系统的重要节点与脆弱性指标等。

(5)模型优化法

如何对综合能源系统进行优化控制是一个复杂的、高维、非线性的问题。本书拟采用大数据技术、数学规划、新型智能优化算法及决策分析等理论和方法对相关问题进行建模与优化。通过研究，构建综合能源系统脆弱性优化运行模型，提出综合能源系统最优运行方案，降低系统成本的同时提高应对突发事件的承受能力。使用价值驱动理论、合作博弈模型及夏普利值理论等对综合能源系统各参与主体的利益进行分析及优化分配，调动系统各主体的积极性，消纳更多可再生能源。

1.5.3 研究重点和研究难点

1. 研究重点

(1)采用复杂网络分析方法对综合能源系统进行脆弱性分析。

(2)建立计及系统脆弱性与可再生能源不确定性的综合能源系统优化运行模型，并进行求解。

(3)综合能源系统各参与主体的利益优化分配机制设计。

2. 研究难点

(1)综合能源系统网络错综复杂，较难构建拓扑结构。本书将运用互联网、大数据与云计算等手段，从复杂网络视角构建综合能源系统网络拓扑结构。

(2)如何构建最适合综合能源系统网络的脆弱性分析指标与方法。根据综合能源系统的特性，对供能效率、破碎度、连通因子、最短连接距离等脆弱性评价指标以及分析方法中的攻击策略进行相应的改进，使其能够更加全面地反映系统的脆弱性，更加准确地寻找到系统中的脆弱环节。

(3)如何求解高维多峰的考虑脆弱性的综合能源系统优化运行模型。布谷鸟搜索算法等新型智能优化算法具有参数少、运算速度快、不易陷入局部最优等优点，求解效果较好。本书将采用新型智能优化算法求解综合能源系统的优化运行模型。

1.6　研究技术路线与研究创新之处

1.6.1　研究技术路线

本书在查阅相关文献的基础上总结目前存在的不足，找准重、难点问题及切入点，提出相关研究内容和研究框架。本书的技术路线如图1—2所示。本书结合电力、天然气、热力等传统能源系统拓扑模型并考虑多能源相互耦合后的复杂系统特征，建立综合能源系统拓扑模型，应用适用于综合能源系统的转化原则将原模型转化为复杂网络模型，并调用算法计算度数、介数、聚类系数等特性参数，通过复杂网络判断验证其小世界、无标度特性，将传统分析指标和攻击策略与改进分析指标和攻击策略相结合，形成新的适用于综合能源系统的脆弱性分析指标和攻击策略，对系统进行脆弱性分析；根据分析结果，运用多峰高斯分布、神经网络等方法对可再生能源出力的不确定性进行表示或预测，采用多重分形理论、NSGA-Ⅱ等方法对综合能源系统消纳可再生能源的能力进行评估，得到消纳包络带；以综合能源系统的经济性、可靠性与环保性为目标，以系统的脆弱性、供需平衡及爬坡速率等为约束，构建计及系统脆弱性与可再生能源不确定性的综合能源系统优化运行模型，最后采用布谷鸟搜索算法、蝙蝠算法等新型智能优化算法进行求解，进而得到优化运行方案；运用价值驱动理论、合作博弈模型及夏普利值理论等方法对综合能源系统各参与主体的利益进行分析及优化分配，调动系统各主体的积极性，消纳更多可再生能源。

1.6.2　研究创新之处

本书的创新之处有以下三个方面：

1. 研究对象的创新

未来综合能源系统的安全运行将直接关系着经济发展和社会民生，同时与国家能源战略息息相关，是关乎国家能源工业安全与稳定的重要因素之一，而综合能源系统网络具有庞大的节点和边数，具有许多潜在的安全薄弱环节，而目前对其识别与优化控制方面还缺乏相关研究。

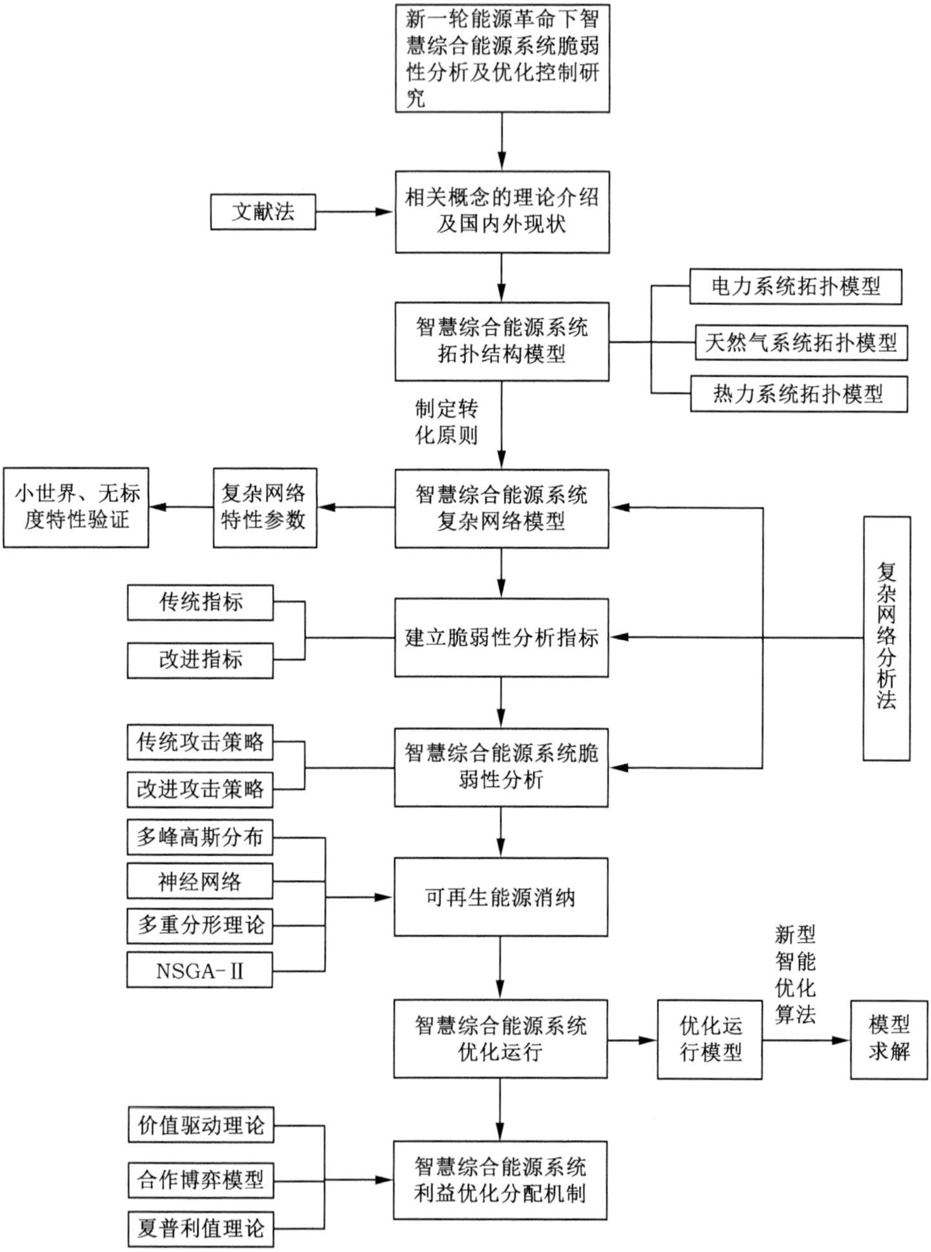
新一轮能源革命下智慧综合能源系统脆弱性分析及优化控制研究
文献法
相关概念的理论介绍及国内外现状
电力系统拓扑模型
天然气系统拓扑模型
热力系统拓扑模型
智慧综合能源系统拓扑结构模型
制定转化原则
小世界、无标度特性验证
复杂网络特性参数
智慧综合能源系统复杂网络模型
复杂网络分析法
传统指标
改进指标
建立脆弱性分析指标
传统攻击策略
改进攻击策略
智慧综合能源系统脆弱性分析
多峰高斯分布
神经网络
多重分形理论
NSGA-Ⅱ
可再生能源消纳
新型智能优化算法
智慧综合能源系统优化运行
优化运行模型
模型求解
价值驱动理论
合作博弈模型
夏普利值理论
智慧综合能源系统利益优化分配机制

图 1—2　技术路线

2. 研究视角的创新

本书将复杂网络应用在综合能源系统的脆弱性分析中，将抽象网络理论与实际工程问题进行有机结合，通过脆弱性分析，识别综合能源系统中潜在的脆弱环节，为综合能源系统大规模的工程实践奠定基础。实际工程问题在得到有效解决的同时，复杂网络的基础理论也不断得到丰富与发展。

3. 研究方法和工具的创新

本书采用理论研究与实证研究相结合的方法，学习和借鉴其他学科的先进理论，采用复杂网络分析、社会网络分析、多重分形理论、新型智能优化算法、价值驱动理论及合作博弈模型等技术方法，使用 MATLAB、Python、UCINET 等工具，对新一轮能源革命下综合能源系统的脆弱性分析及优化控制进行研究。

1.7 本章小结

本章介绍了本书研究的背景、目的以及意义，介绍了综合能源系统的概念与发展现状，论述了综合能源系统的脆弱性分析、优化控制等基本内容及研究现状，最后，给出了全书的主要研究内容、主要研究方法、技术路线和创新之处。

第 2 章　基于复杂网络的综合能源系统脆弱性分析

2.1　引言

当今人类社会的能源骨干网络和未来能源互联网的核心基础——电力系统，已被证明是一种典型的复杂网络系统，具有明显的无标度和小世界等复杂网络特性。[69−73]综合能源系统可以理解为在电力系统的基础上与天然气系统、热力系统等多种能源系统所耦合形成的综合系统。从节点规模、网络拓扑结构和故障传播机制来看，多能源耦合的综合能源系统网络都符合复杂网络的性质。[74]由于多种能源的耦合与其系统拓扑结构的复杂化不断加强，重要性高的节点或边遇到破坏时，将波及系统中其他部分甚至导致系统崩溃，所以，运用复杂网络理论分析多能源耦合的综合能源系统的脆弱性问题就显得非常有必要。通过复杂网络理论，可以为综合能源系统分析提供新的思路和研究视角；基于复杂网络理论的综合能源系统研究，将管理学和系统科学等相关学科与能源学科相结合，具有一定的创新性和现实意义。

目前对综合能源系统的研究与实践仍处于起步阶段，后续大规模的工程建设还需要实施各方进一步研究与实践。保证系统安全、可靠的运行是综合能源系统能够大规模投入建设的基本条件之一。将复杂网络理论运用到综合能源系统的脆弱性分析中，可以识别系统网络中的薄弱环节、评价系统的抗毁能力，为确保未来综合能源系统的安全、可靠运行提供保障。将抽象的复杂网络理论运用于综合能源系统工程中，通过脆弱性分析识别综合能源系统中潜在的脆弱点，为建设更可靠的大规模的综合能源系统网络提供了参考和决策支持。

2.2　复杂网络理论基础

2.2.1　复杂网络的基本概念与统计特征

复杂网络通常由节点和边组成，其中，节点是网络中的基本单元；边连接系统中的各节点，描述系统单元之间的相互关系。由此复杂网络可以简单地表述为：

$$G_{\mathrm{n}}=(N,E) \tag{2-1}$$

其中，

$$N=\{n_i\};\ E=\{e_{jk}\} \tag{2-2}$$

式中，G_{n} 表示含 n 个节点的复杂网络图；N 表示网络中所有节点的集合；E 表示网络中所有边的集合；n_i 表示节点 i；e_{jk} 表示连接节点 j 与节点 k 之间的边。

假设 $n=|N|$，$e=|E|$，即节点集合 N 中有 n 个节点，边集合 E 中有 e 条边，那么复杂网络图 G_n 可用大小为 $e\times e$ 的邻接矩阵 A 来表示。若节点 i 与节点 j 之间相连接，则 $A_{ij}=1$，反之，$A_{ij}=0$。若网络为有向网络，则$(i,j)\neq(j,i)$即 $A_{ij}\neq A_{ji}$；若网络为无向网络，则$(i,j)=(j,i)$即 $A_{ij}=A_{ji}$；此外，若为加权网络，则对 A_{ij} 赋予不同的值，由此可通过邻接矩阵来表示无权无向网络、加权无向网络、无权有向网络以及加权有向网络。以上几种网络的示例图如图 2—1 所示。

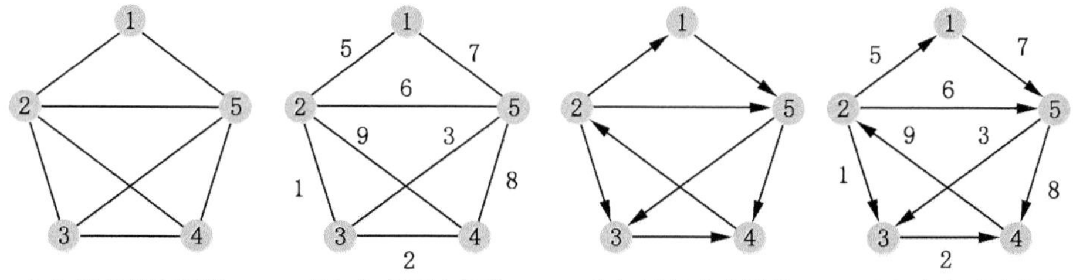

图 2—1　各种网络示例图

复杂网络理论的优越性在于基于统计学理论来分析网络的性质，通过一些网络统计特征参数可以表征系统拓扑结构的各种特性，选取度数、介数等参数，衡量电力系统网络、天然气网络、热力网络以及能源集线器元件的重要程度，通过平均最短距离、聚类系数、度分布等参数研究综合能源系统的复杂的网络特性。下面对复杂网络理论中一些常见的基本统计特征参数概念与计算方法进行介绍。

1. 度与度分布

(1)度

度(Degree)通常指的是在网络中某节点与其相连节点的个数,一般可以用度数表征节点的重要程度。一般情况下在拓扑图中随着节点的度数升高,节点的重要性越高,地位也就越高。节点 i 的度数 d_i 的表达式为:

$$d_i = \sum_{\substack{j \in N \\ j \neq i}} e_{ij} \tag{2-3}$$

在度的概念上可以计算网络的平均度 $\langle d \rangle$,可以在一定程度上反映网络的复杂性,其计算公式为:

$$\langle d \rangle = \frac{1}{n} \sum_{i=1}^{n} d_i \tag{2-4}$$

式中,n 表示节点总数。

(2)度分布

度分布(Degree distribution)为宏观的网络统计描述,分布函数 $P(k)$ 定义为网络中随机取一个节点,该节点的度数为 k 的概率,其公式为:

$$P(k) = \frac{n_k}{n} \tag{2-5}$$

式中,$P(k)$ 表示度分布;n_k 表示度数是 k 的节点个数。

(3)累计度分布

累计度分布(Cumulative degree distribution)也是描述节点度分布的另外一个重要指标,其本质与度分布相同。累计度分布 P_k 指的是任意某节点度不小于 k 的概率,其公式为:

$$P_k = P(k \leqslant d) = \sum_{d=k}^{\infty} P(k) \tag{2-6}$$

累计度分布通常用于判断网络的均匀程度,一般情况下,若网络为均匀网络,则其累计度分布函数符合指数分布,函数如公式(2—7);反之,则服从幂律分布,函数如公式(2—8):

$$P_k = \alpha_1 \exp(-\lambda_1 k) \tag{2-7}$$

$$P_k = \alpha_2 k^{-\lambda_2} \tag{2-8}$$

式中，α_1、λ_1 表示指数分布系数；α_2、λ_2 表示幂律分布系数。

对式(2—7)和式(2—8)两边取对数，得：

$$\ln P_k = \ln\alpha_1 - \lambda_1 k \tag{2-9}$$

$$\ln P_k = \ln\alpha_2 - \lambda_2 \ln k \tag{2-10}$$

可以看出，若累计度分布函数符合指数分布，则 $\ln P_k$ 与 k 呈线性关系；若符合幂律分布，则 $\ln P_k$ 与 $\ln k$ 呈线性关系。因此，若网络的累计度分布曲线在单对数轴坐标系中近似一条直线，则说明该网络度分布符合指数分布；若网络的累计度分布曲线在双对数轴坐标系上近似为一条直线，则认为该网络度分布符合幂律分布。

2. 最短距离和平均最短距离

(1)最短距离

能源与能量在线路或者管道中传输会存在一定的损耗，损耗的大小都是与距离的长度成正比。网络的最短距离(Shortest path)是指从某一节点 i 到指定节点 j 之间经过最少的边数。目前，计算网络最短距离的方法一般有迪杰斯特(Dijkstra)算法和弗洛伊德(Floyd)算法等。

(2)平均最短距离

平均最短距离(Average shortest path)是网络中所有节点之间最短距离的平均值，计算公式如下：

$$L = \frac{2}{n(n-1)} \sum_{\substack{i,j \in N \\ i \neq j}} d_{ij} \tag{2-11}$$

式中，d_{ij} 表示任意节点 i 到达节点 j 之间的最短距离。

平均最短距离反映了网络的紧密程度。Kleinfeld 完成了一个著名的人类社交联系实验。实验结果表明，一份邮件平均经过六个人就可被传送到提前指定的任何一个人手中，意味着平均最短距离为“六”。有名的“六度分离”的概念正好也解释了这一现象。[75]

3. 节点重要度

以往的节点重要性研究通常采用节点度数衡量系统中各节点的重要程度，即认为与某节点连接的节点数越多，则其越重要，而实际上在很多情况下度数小的节点也可能具有较高的重要程度。因此本书引入了节点重要度这一概念来衡量综合能源系统中节点的重要程度。[76]节点重要度示意图如图 2—2 所示。将

图 2—2(a)中与节点 1 相连的节点进行收缩,即将节点 1—4 收缩为 1 个节点(节点 0),收缩结果如图 2—2(b)所示,由此节点的收缩过程可以描述为将该节点与其相连的节点合并为 1 个节点。

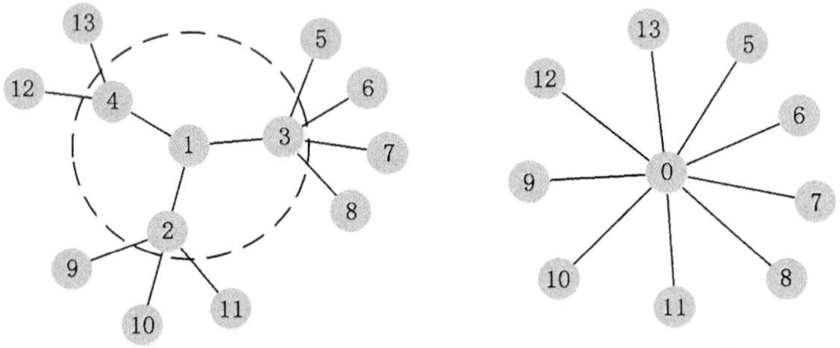

(a) 节点1收缩前网络　　(b) 节点1收缩后网络

图 2—2　节点重要度示意图

图 2—2 可以比较直观地反映节点 1 的度数虽然较低,但是具有较高的重要性。节点 i 的重要度 α_i 表示为:

$$\alpha_i = 1/(n'_i l_i) \tag{2—12}$$

其中,

$$l_i = \frac{\sum_{i,j \in V_i} d_{ij}}{n_i(n_i - 1)/2} \tag{2—13}$$

式中,n'_i 表示节点 i 收缩后的网络节点数;l_i 表示节点 i 收缩后的网络平均最短距离;V_i 表示节点 i 收缩后的网络集合;d_{ij} 表示节点 i 收缩后网络中节点 i 与节点 j 间的最短距离。

式(2—12)中,重要度值 α_i 与收缩后的网络节点数 n'_i 和平均最短距离 l_i 呈反比关系。根据式(2—12)计算节点 1—4 的重要度,结果如表 2—1 所示。

表 2—1　节点重要度的计算结果

节点	d_i	n'_i	l_i	α_i	节点	d_i	n'_i	l_i	α_i
1	3	10	1.80	0.056	3	5	8	2.36	0.053
2	4	9	2.39	0.046	4	3	10	2.49	0.041

对比表 2－1 中的计算结果可以明显看出，节点 1 的度数相较于其他节点而言最低，但其重要度最高，这是因为大部分节点的最短距离都要经过节点 1，节点 1 收缩后将很大程度地缩小平均最短距离 l_i，因此导致其重要度值增大。此外，节点 3 的度数较高，收缩后重要度值仅比节点 1 小 0.003，这也证明度数高的节点确实有着较为重要的地位，其原因为度数高的节点收缩时会较大程度地减小 n'_i，增大重要度值。因此，节点重要度值这一指标更为综合地考虑了节点的重要性。

4. 介数

介数是基于最短距离概念而提出的网络静态统计值。网络中任意两个节点间必然存在由节点和边组成的最短路径，节点之间的连通要经过很多节点和边，其中，某些节点和边被最短路径经过的概率更大，则说明这些节点和边在网络中地位更高，也更为重要，这就是介数的理论含义。介数又分为节点介数（Note betweenness）和边介数（Edge betweenness）。节点介数通常用于评估节点中心性。节点 i 的介数 b_i 的计算公式为：

$$b_i = \sum_{\substack{j,k \in N \\ j \neq k}} \delta_{jk}(i)/\delta_{jk} \tag{2－14}$$

式中，δ_{jk} 表示节点 j 至节点 k 的最短距离数目；$\delta_{jk}(i)$ 表示节点 j 至节点 k 同时通过节点 i 的最短距离数目。

另外，由节点介数可以拓展出边介数的概念，其概念可表述为经过某边的最短距离的值与网络中任意两个节点之间最短距离数目的比值，则边 l 的介数 b_l 的计算公式为：

$$b_l = \sum_{\substack{j,k \in N \\ j \neq k}} \delta_{jk}(\mathrm{e})/\delta_{jk} \tag{2－15}$$

式中，$\delta_{jk}(\mathrm{e})$ 表示节点 j 至节点 k 同时通过边 e 的最短路径数目。

5. 聚类系数

聚集系数（Clustering coefficient）是衡量网络紧密程度和网络效率的重要系数之一。在复杂网络研究领域中通过聚类系数来反映网络中各个节点之间的密集程度，即节点聚集程度。节点 i 的度数为 d_i，表明有 d_i 个节点与节点 i 相邻，那么 d_i 个相邻节点之间最多可能存在的边数为$[d_i(d_i+1)]/2$。设它们间实际

存在的边数为 x_i，则节点 i 的聚类系数 C_i 为：

$$C_i=\frac{2x_i}{d_i(d_i-1)} \tag{2—16}$$

复杂网络的平均聚类系数 C 是网络中所有节点聚类系数的总和与总节点数之比，计算公式为：

$$C=\frac{1}{n}\sum_{i=1}^{n}C_i \tag{2—17}$$

显然，C 的取值范围为 $0 \leqslant C \leqslant 1$。在复杂网络中某节点与其他节点聚集程度越低，则 C 的数值越小；反之，若联系程度越高，则 C 的数值越大。若网络中各节点之间相互无连接，处于孤立状态，则 $C=0$；若网络为全通网络，即网络中任意两个节点都相连，则 $C=1$。

2.2.2 复杂网络的基本模型及性质

复杂网络的基本模型是研究网络性质的基础前提。复杂网络的基本模型的提出也有一个逐渐从简到繁的过程。不同的阶段提出的模型对于复杂网络的研究都起到了推动作用。对于不同网络模型的了解，可以更好地模拟真实系统，基于此，可以更准确地学习和研究网络的拓扑结构和统计特性，使得到的结论更为合理。

1. 规则网络

规则网络是较早被研究人员提出的网络模型[77]，几乎是最不复杂的网络。规则网络的主要特征为网络中任一节点的度数都相同，所以在规则网络中所有节点的地位是完全相同的，同时具有相同的其他网络特征参数。这些网络特征参数的特点是具有较大的平均距离和较大的聚类系数。下面介绍几种较为典型的规则网络。

(1)全局耦合网络

全局耦合网络是一个全通网络，即在此网络中随机两个节点都相连，也就是一个有 n 个节点的全局耦合网络中，每个节点都与其余的 $n-1$ 个节点相连，度数都为 $n-1$，且整个网络拥有 $n(n-1)/2$ 条边。节点数为 6 的全局耦合网络如图 2—3 所示，图中每个节点的度都为 5。

在具有相同规模的网络中，全局耦合网络的平均最短距离最小，而平均聚类

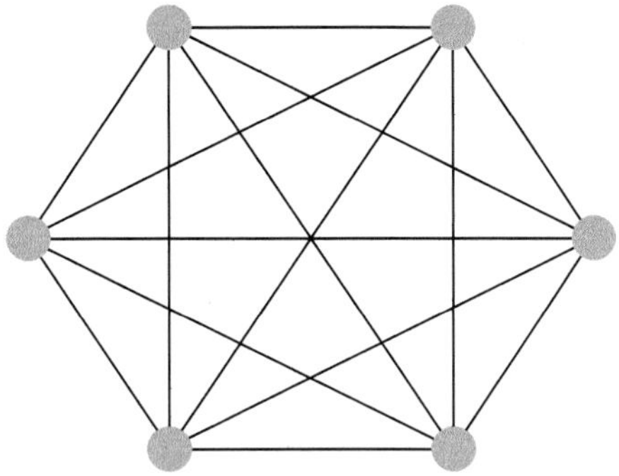

图 2—3　全局耦合网络

系数正好相反，则是最大。因此，其网络局限性是显而易见的：现实中大部分大型网络是稀疏网络，然而全局耦合网络并非如此，则为最密集的网络模型。

(2)最近邻耦合网络

对于拥有 n 个节点的最近邻耦合网络来说，其每个节点通常只与离其最近的 K 个节点连接，这里 K 是小于 $n-1$ 的整数。若节点只与最近的两个相邻节点相连，就形成了一维链或环，如图 2—4(a)所示。图 2—4(b)也是一种最近邻耦合网络，这样的网络被称为二维晶格。通常，具有周期性边界条件的最近邻网络包含 n 个形成环的节点，其中每个节点与其偶数相连的近邻 $K/2$ 个节点相连，一般情况如图 2—4(c)所示。

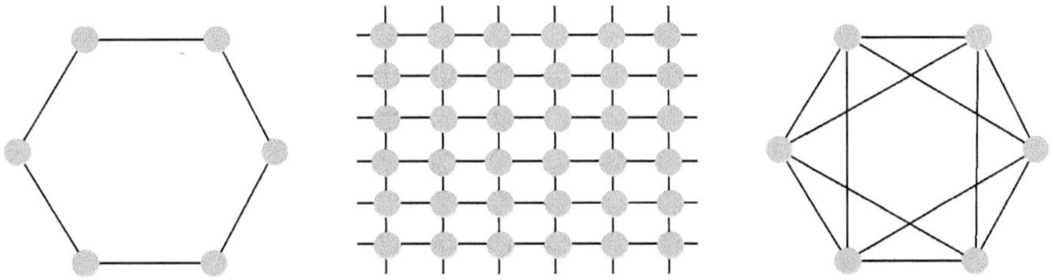

(a) 一般链　　(b) 二维晶格　　(c) 一般情况

图 2—4　最近邻耦合网络

(3)星型耦合网络

星型耦合网络的特殊之处在于：网络中含有一个中心点，而除它之外的

$n-1$ 个节点都与之相连,同时不与其他任何节点有关联。因此,星型耦合网络中心点的度为 $n-1$,而其他节点的度为 1,如图 2—5 所示。

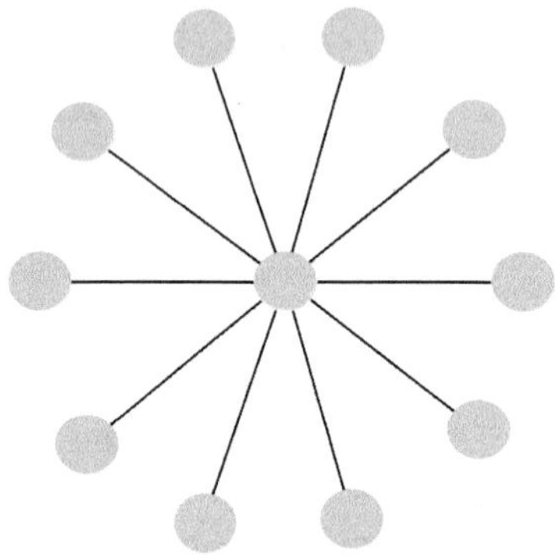

图 2—5　星型耦合网络

2. 随机网络

六十年前,Erdos 与 Renyi 提出了经典的随机网络模型,也被称为 *ER* 网络。[78]随机网络与规则网络相反,其具有聚类系数低且平均距离小的特点。它的提出考虑了实际网络的随机性。随机图论的引入开始了对复杂网络理论的系统研究。目前描述随机网络有两种等效的方法:

(1)对于有 n 个节点的网络,网络中最多有 $n(n-1)/2$ 条边,从中随机抽取 m 条进行连接,可以生成 $C_{n(n-1)/2}^{m}$ 种随机网络,且每种生成的概率相等,如此便可得到一个均匀分布随机网络。

(2)对于有 n 个节点的网络,对于每对节点对皆采取概率为 p 进行相连,其中,边的数量可能为 $0 \sim n(n-1)/2$ 条,这样可以生成 $2^{n(n-1)/2}$ 种随机网络,以此得到一个二项式随机网络。

图 2—6 为 20 个节点连接概率 $p=0.15$ 的随机网络图。

3. 小世界网络

(1)*WS* 小世界模型

Watts 和 Strogtz 于 1998 年首先提出了小世界模型。[79]此模型介于完全规则网络和完全随机网络之间,是前者到后者的过渡,后来人们将其称为 *WS* 小世界模型。该模型的构造过程如下:

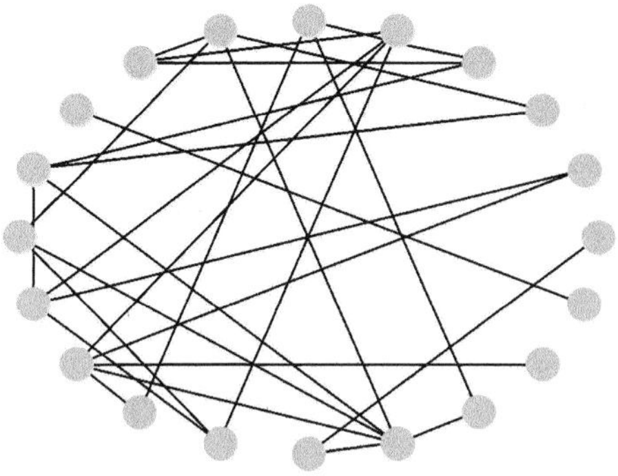

图 2－6　p＝0.15 的 *ER* 随机网络

①初始于规则网络。一个有 n 个节点的环形最近邻耦合网络，其中所有节点和其附近的 $K/2$ 个节点连接，参数满足 $n \gg K \gg \ln(n) \gg 1$，且 K 为双数。

②随机化重连。在上一步的基础上，以相同概率 p 随机选择节点进行连接，且随机节点对间最多只可存在一条边，由此网络中将会再生成 $pnK/2$ 条远程边，将节点与更远处的节点进行连接。

在该模型中，$p=0$，对应于完全规则网络，如图 2－7(a)所示；$p=1$，对应于完全随机网络，如图 2－7(c)所示；介于它们之间的 *WS* 小世界网络，通过调节 p 的大小来实现，$p=0.2$ 时，小世界网络如图 2－7(b)所示。

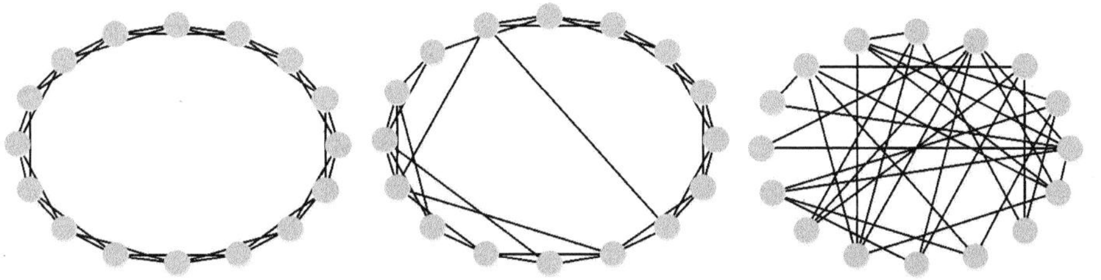

（a）最近邻耦合规则网络　　（b）小世界网络　　（c）随机网络

图 2－7　*WS* 小世界网络演化

(2)*NW* 小世界模型

在 *WS* 小世界网络模型提出的次年，Newman 和 Watts 对其进行了改进，提出了 *NW* 小世界模型。[80]与 *WS* 小世界网络模型构建过程不同的是，该模型以“随机化加边”的机制构造模型而非 *WS* 小世界模型构造中所采用的“随机化重连”。该模型的构造过程如下：

①初始于规则网络。一个有 n 个节点的环形最近邻耦合网络，网络中所有节点和其附近的 $K/2$ 个节点连接，其中参数满足 $n \gg K \gg \ln(n) \gg 1$，且 K 为双数。

②随机化加边。以概率 p 任意选择节点对进行连接，且随机节点对间最多只可存在一条边。

在该模型中，$p=0$，对应于最近邻耦合网络，如图 2－8(a)所示；$p=1$，对应于全局耦合网络，如图 2－8(c)所示；从理论上分析，NW 小世界网络模型比 WS 小世界网络模型更简单，当 p 足够小同时 N 足够大时，NW 小世界网络模型基本上等效于 WS 小世界网络模型，当 $p=0.2$ 时，NW 小世界网络如图 2－8(b)所示。

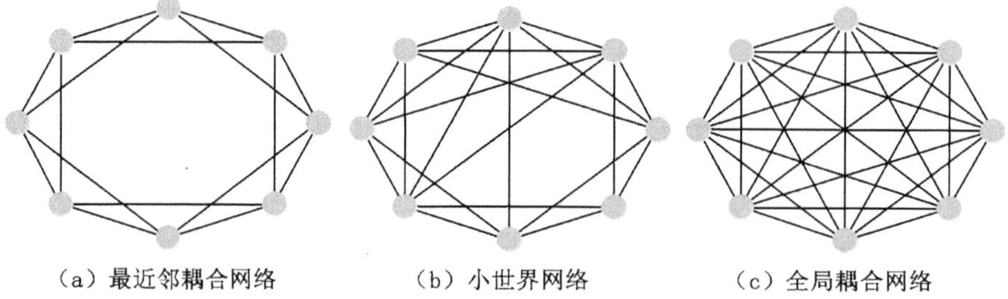

图 2－8　NW 小世界网络演化

4. 无标度网络

Barabási 与 Albert 于 1999 年提出了一个无标度网络模型，相较于之前提出的各种网络，它考虑了真实网络的增长特征。[81]之前讨论的 ER、WS 和 NW 网络，均从设定固定的网络节点数 n 开始，然后通过随机连接（ER 模型）、重连（WS 模型）、加边（NW 模型）等形式构造网络；相反，大多数实际网络是开放的。也就是说，这些网络是由不断添加到网络中的新节点而构成的，因此节点数 n 的增加伴随着网络的生存期。基于网络的增长和优先连接特征，BA 无标度网络模型的构造过程如下：

（1）增长

初始于 m_0 个节点的网络，每次引入一个新的节点，与 m 个已存在的节点相连，这里 $m \leqslant m_0$。

（2）优先连接

一个增加的节点与某个现有的节点 n_i 相连接的概率 P_i 与节点 n_i 的度 d_i 成正比，即

$$P_i = \frac{d_i}{\sum_j d_j} \tag{2-18}$$

在经过 t 步后，将产生一个有 $n = t + m_0$ 个节点、m_t 条边的网络。图 2—9 是生成的节点总数为 20、每次增加 1 条边的 BA 无标度网络。

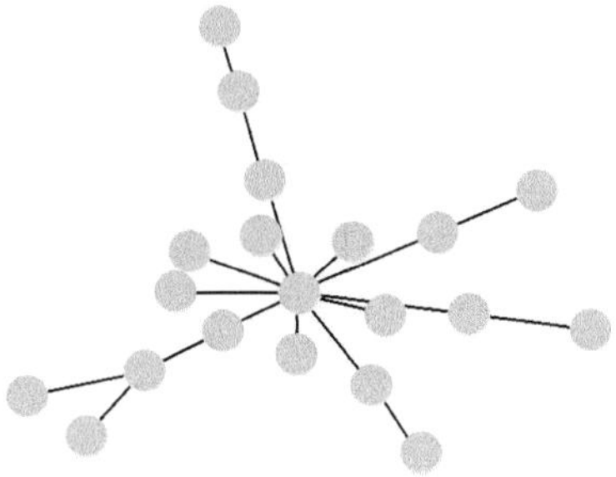

图 2—9　无标度网络

2.2.3　复杂网络可视化及分析软件

伴随复杂网络的研究不断地蓬勃发展，许多复杂网络分析软件被相继开发利用，尤其一些由于学术开放获取的软件更是被广泛运用。研究人员通过这些软件可以更加方便、有效地对复杂网络进行建模、计算、数据处理与分析，其中包括 Pajek、UCINET、NetworkX、NetMiner3 等软件。本书对采用基于 Python 语言的 NetworkX 对综合能源系统网络进行建模、网络可视化以及数据计算分析的方法进行简要介绍。

1. Python 语言

众所周知，随着近年来科技的不断发展，人工智能也再一次地被推上热潮。Python 作为人工智能主要应用的编程语言，随着人工智能的广泛研究，也掀起

了一股学习热潮。作为一种编程设计语言，Python 广受编程人员的欢迎得益于其简洁、清晰的语言以及强行运用空白符进行语句缩进的特点，另外一个原因是 Python 是一门开源、免费的解释型高级动态编程语言。Python 又被叫作胶水语言，原因是其可以运用各种不同类型的所编写的程序进行很好的融合拼接，使各类语言和工具优势发挥更佳，以满足各类不同应用领域的使用要求。此外，Python 还具有高级语言、可移植、可扩展、可嵌入以及开发效率颇高等诸多优点。

随着 Python 的兴起，其相关的 Python 集成开发环境(IDE)和 Python 编辑器也引起了研究人员的关注，其中包括 PyCharm、Spyder、Eclipse＋PyDev 以及 IDLE 等。本书运用 PyCharm 作为研究工具。PyCharm 由 JetBrains 开发，是 Python 中最受欢迎的集成开发环境之一。运用 PyCharm 处理日常事务，可以大大提高效率。

2. NetworkX

便捷、有效的复杂网络研究工具对于复杂网络研究起到了重要的推动作用，由此研究人员开发了许多软件用于创建、操作、处理以及分析各种各样的复杂网络。NetworkX 是一款基于 Python 的软件包，用于创造、操作复杂网络，以及学习复杂网络的结构、动力学及其功能。通过 NetworkX 可以创建多种复杂网络模型、进行模型可视化、调用各种复杂网络算法计算其相关网络参数以及分析其结构与特性。由于 Python 语言是一种简洁、清晰的编程语言，NetworkX 可以灵活地表示图和复杂的网络算法，因此 NetworkX 在统计学、计算机、物理学、生物学和社会学等领域都得到广泛的应用。

NetworkX 复杂网络分析软件的核心功能包括：(1)构造复杂网络。使用 NetworkX 构造网络时，可以使用其内置的模块来构建网络，亦可以编写函数来构建特殊类型的网络。(2)网络可视化。NetworkX 可用于可视化已集成的复杂网络，更直观地表示复杂网络的元素和交互关系，从而可以代替对复杂网络特征的深入分析。(3)复杂的网络特征参数计算。通过调用 NetworkX 中的算法，可以计算各种网络特征参数。(4)统计特征分析。NetworkX 具有分析复杂的网络特征的强大能力，可以通过现有功能对已构建的网络进行统计分析。

2.3　综合能源系统拓扑网络建模及统计特性分析

建立综合能源系统拓扑网络模型，是研究复杂网络视角下综合能源系统的网络特性，以及后续分析其网络的脆弱性的基础和前提。本节将介绍基于能源集线器的综合能源系统拓扑结构，建立相关的复杂网络模型，并提出综合能源系统拓扑网络复杂特性分析方法来具体分析综合能源系统网络的复杂特性。

2.3.1　综合能源系统的复杂性

综合能源系统作为能源互联网的重要物理载体，通过多种能源系统相耦合，从而实现了多能互给互补、优化供能的效果。研究人员已对电力系统、天然气系统等能源系统的复杂性有了充分的证明。[31－32,69－73]相较于这些传统的单一供能系统，综合能源系统具有共性，在此基础上也有了更复杂的网络结构，如复杂的节点规模、复杂的故障传播方式等。随着综合能源系统相关技术的成熟，未来系统网络综合能源系统将不断扩大，复杂性也不断加强，形成跨区域的综合能源系统。其网络拓扑结构的复杂性主要体现在以下几个方面：

1. 结构的复杂性

综合能源系统是多种能源系统的综合耦合体，其中，电力、天然气等网络规模巨大，节点、线路、管道众多并且有着不同的功能、等级，其节点之间相互连接，使得网络结构错综复杂。

2. 节点的复杂性

综合能源系统有着多样化的负荷节点，包括电负荷、气负荷以及热负荷等，还包括发电机、供气设备、锅炉以及能源集线器等设备。不同节点的作用、连接位置以及方式等方面都存在着差异。

3. 演化的复杂性

随着技术的不断成熟，综合能源系统的建设规模将不断扩大。从目前较多的园区型到区域型再到未来的跨区域型，区域间的互联或是局部改造优化都将受到许多自然或者人为因素的影响，因此导致综合能源系统网络演化复杂。

4. 故障的复杂性

引发系统故障的因素通常分为人为因素和来自自然界的因素。对于综合能源来说,系统出现故障后的传播将更加深远,综合能源系统的复杂性也使得故障更具有不可预测性。

2.3.2 基于能源集线器的综合能源系统拓扑结构

研究综合能源系统的复杂网络特性、分析其网络的脆弱性须根据综合能源的运行和结构特点构造一个完整的综合能源系统网络模型。本书建立了以电—气—热区域综合能源系统的拓扑结构作为算例,主要运用能源集线器作为其能源耦合环节。

来自瑞士苏黎世联邦理工学院的 Geidl M 和 Andersson 最早提出了能源集线器(Energy hub,HE)的概念。能源集线器集成了多种不同能源的输入与输出端口,可以满足多种能源之间的转化,成为综合能源系统中重要的能源转化单元。[82]在电—气—热区域综合能源系统中能源集线器实现了电、气、热等能源间的转换、存储、分配等功能。[83]综合能源系统中的能源耦合密切且用户的能源需求种类多样。本书选取学术研究中应用较广泛的 3 种典型的能源集线器作为综合能源系统的耦合元件,通过典型的能源集线器能够实现大部分电—气—热能源系统的耦合。[84-85]本书综合能源系统拓扑图中涉及 3 种典型的能源集线器,如图 2—10 所示。图 2—10 中,P_e、P_g、P_h 分别为电力、天然气、热力输入;L_e、L_g、L_h 分别为电力、天然气、热力输出。

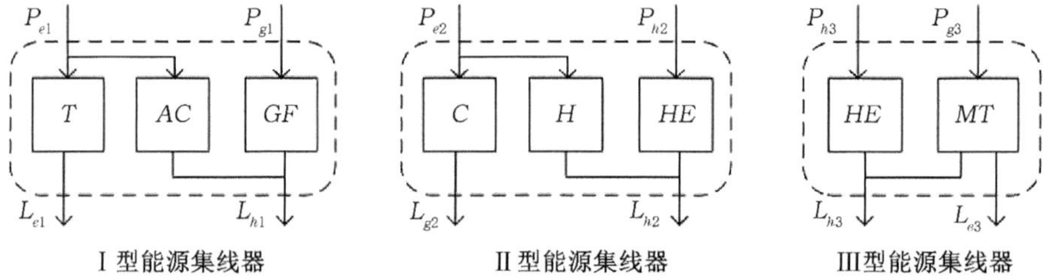

注:T 表示变压器,AC 表示空调系统,GF 表示燃气锅炉,C 表示压缩机,HE 表示换热器,H 表示电加热器,MT 表示微型燃气轮机。

图 2—10 三种典型的能源集线器

在Ⅰ型能源集线器中,L_{h1} 既可由燃气锅炉供应,也可通过空调系统转化而来;L_{e1} 既可以通过变压输送给用户,满足各种电负荷的需求,也可以给空调系统提供电能进而产生热能。Ⅱ型能源集线器中的电加热器将电能与热能进行转换，通过压缩机供给天然气系统能量。Ⅲ型能源集线器通过微型燃气轮机使天然气可以为电力系统提供能量，同时微型燃气轮机亦是负荷。电力系统（IEEE 30 节点系统）、天然气系统（改进低压配气 18 节点系统）以及热网元件可通过以上三种典型的能源集线器为耦合环节对各单一能源系统进行交互，形成基于能源集线器的电—气—热综合能源拓扑结构模型（见图 2－11）。图 2－11 中，电力系统、天然气系统以及热网元件通过能源集线器达到了完全耦合的形式。在这种方式下，能源系统可以灵活地优化配置并且形成能源相互支撑的模式。

2.3.3　基于复杂网络的综合能源系统建模

电力系统本身就有着数量庞大的节点和边，其网络呈现高度的复杂性。通过能源集线器把电力系统与天然气系统、热网元件相耦合的综合能源系统将呈现更高的复杂性。在复杂网络视角下研究综合能源系统，需将综合能源系统网络模型简化为复杂网络图。通过拓扑结构与复杂网络理论来分析上文所构建的电—气—热综合能源系统的统计特征，首先需要将基于能源集线器的电—气—热综合能源系统的拓扑结构抽象为由点和点之间的连线组成的网络图。

本书采用原始映射法（Primal Approach）对图 2－11 中的电—气—热综合能源系统的拓扑结构进行复杂网络建模。原始映射法是根据实际位置上各能源设备及负荷点与线路或管道之间的连接关系进行映射建模。[86]具体就是将各能源设备及负荷点映射为网络中的节点，将线路或管道映射为网络中的边。这种建模方法较为清晰、直观地反映各设备之间的关系，也符合大家的空间认知。基于复杂网络的综合能源系统建模通常只考虑系统结构与关系这两个因素。因此本书构建的网络拓扑模型为静态模型，其简化过程可基本概括为：将发电机、气源、热源、电/气/热负荷和能源集线器包含的元器件等简化为节点，将输电线、输气管道和热网供/回水管道等支路简化为边，其中，由于热网管道中供水或回水管道的任意一条发生故障，都将导致供水、回水线路失效，因此将供水、回水管道简化为一条边，亦使得网络中不会存在自环或多重边；为了达到相同的效果，在构造网络时，还需要将同杆并架输电线组合在一起，而无需考虑并联电容器分支。假设输电线的电压等级和各种特性参数相同，各天然气及热网的管段长度、管 径、设计压力、相对粗糙率均相同，则可以设定权重皆为1的无向边。[87]在

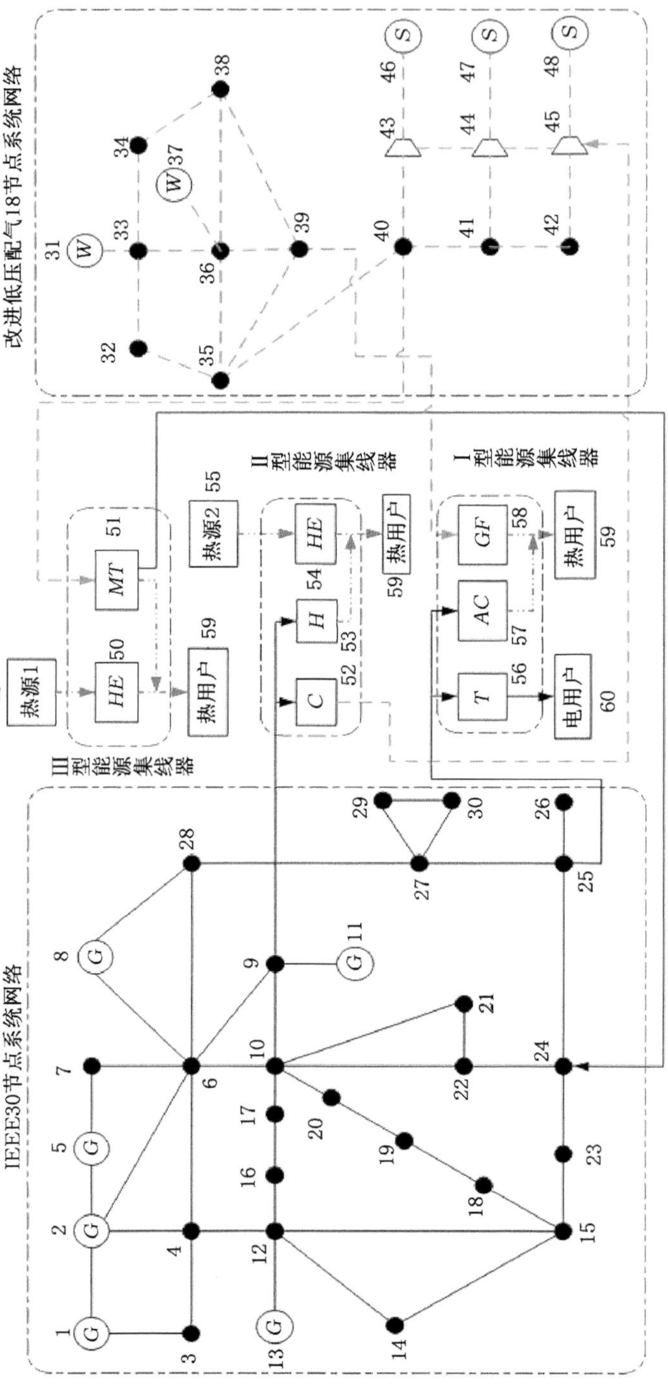

注：——表示电力线路，------表示天然气线路，·-·-·-表示热力线路，Ⓖ表示发电机，Ⓦ表示气源，Ⓢ表示储气点，▷表示压缩机。

图 2-11 基于能源集线器的电—气—热综合能源系统拓扑结构

基于 Python 语言的 NetworkX 软件包中进行编程，将综合能源网络模型图抽象成复杂网络模型图，通过调用 G. degree、nx. betweenness_centrality(G)、nx. average_clustering(G)、nx. average_shortest_path_length(G)等算法即可计算度数、介数、平均聚类系数和平均最短距离等复杂网络特征参数。通过 NetworkX 将图 2—11 中电—气—热综合能源系统的拓扑图简化为复杂网络模型随机图，如图 2—12 所示。

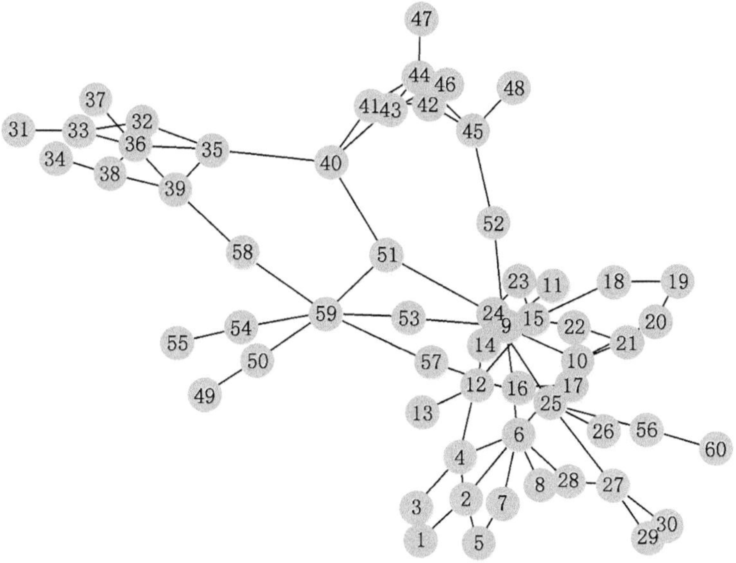

图 2—12　电—气—热综合能源系统的复杂网络模型随机图

2.4　基于复杂网络的综合能源系统脆弱性分析

综合能源系统一旦出现重大故障，若能源装备故障预防与保护不当，将会导致事故发生，甚至将发展为大规模的能源供应链断裂事故。将复杂网络理论运用到综合能源系统的脆弱性分析中，可以识别系统网络中的薄弱环节、评价系统的抗毁能力，为确保未来综合能源系统的安全、可靠运行提供保障。本节基于上一节提出了基于复杂网络的综合能源系统脆弱性分析方法。

2.4.1 综合能源系统脆弱性分析研究思路

综合能源系统脆弱性分析的研究思路如图 2—13 所示。第三节基于综合能源系统拓扑结构建立合适的复杂网络数学模型。在此基础之上，本节首先确立综合能源系统脆弱性的定义；然后根据综合能源系统的运行特性和第三节中分析的静态特征，建立适用于综合能源系统脆弱性分析的指标；再根据综合能源系统故障发生的特点，确定分析脆弱性综合能源系统所受到的破坏策略，进而形成最终的破坏算法流程。

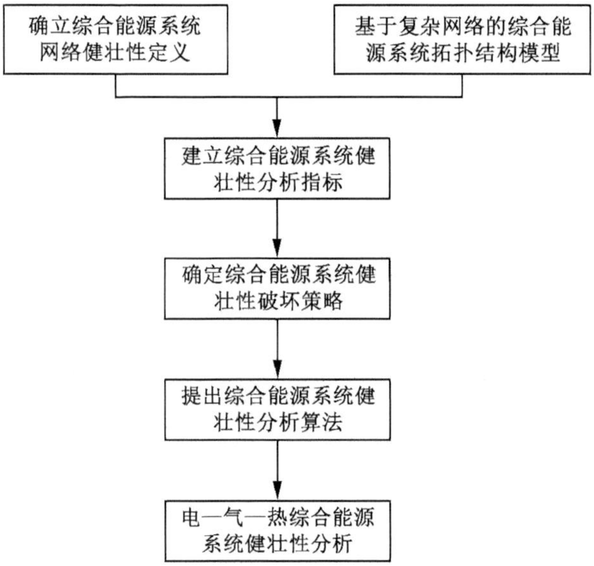

图 2—13 综合能源系统脆弱性分析的研究思路

2.4.2 脆弱性简介及综合能源系统脆弱性的定义

1. 脆弱性简介

“脆弱性”一词来自英文“Robust”，译成中文为健壮或者强壮，因此也有直接根据英文读音称之为鲁棒性。脆弱性最初来自统计学，20 世纪 70 年代最早在控制理论研究领域中得到应用，表示在控制系统的各种相关参数变化的影响下能够保持恒定的稳定性的能力；随后几十年间，逐渐被引入经济学、生物学、计算机、城市规划以及复杂网络等领域进行相关研究。它是在异常和危险的情况下系统生存的关键，是指系统在一定（结构、大小）的参数摄动下，维持某些性能或者不敏感性。

脆弱性在复杂网络领域中是评估系统容错性的指标之一。通常，被干扰的元素被认为是系统的微观组成。系统的性能是宏观的，而微量元素的扰动会引起宏观波。[88]因为复杂网络理论是对系统性能的宏观研究，因此在结构确立之前微观干扰因素不予考虑，仅考虑系统形成后受到外界干扰的情况下维持自身功能的能力。

2. 综合能源系统脆弱性的定义

综合能源系统作为庞大的复杂网络系统，对其的脆弱性定义也应该考虑其自身的特点。综合能源系统脆弱性是指系统在面对自身故障或者来自外部的损坏的情况下系统拓扑结构发生变化时，系统能保持其原有状态而不产生大规模的能源供应链断裂的能力。[89]在综合能源系统脆弱性的定义中，导致能量供应情况变化的因素也应该根据综合能源系统运行的特性来定义。

(1)线路或管道事故故障

线路或管道事故包括所有电力、天然气以及热网等线路或管道失效事件。其中，线路事故主要为电力线路事故，包括高压输电线、变压器支路等线路故障；而管道事故是指天然气或热力网络中的供水或回水管道泄漏事故。引起这些事故的主要原因有外部干扰，包括自然灾害和动物干扰、工作人员的操作失误、施工或材料缺陷、线路或管道维修失误以及遭到的各种腐蚀等。

(2)元器件故障

综合能源系统集成电力、天然气以及热力等各种能源系统元器件。元器件数量众多，规模巨大，其中，包括发电机、气源、热源、气压站、压缩机以及其他能源集线器等设备。它们本身就存在发生故障的风险。另外，当外部或内部环境发生变化时，这些元器件有可能出现失效的情况，从而对各种能量的供应或转化产生一定的影响。

通过对各种故障进行分析，可以得出：无论是线路或管道事故还是元器件故障，其产生的类型可以分为两种，即随机性故障和蓄意性故障。其中，随机性故障又称为偶然性事件，其发生的概率是随机的。前述线路设备老化、自然灾害和动物干扰、施工或材料缺陷等都属于此类随机事件。其次是蓄意性故障，例如，战争以及犯罪分子等来自第三方的破坏，属于有预谋的攻击破坏，一般首先从系统较为重要的部分进行破坏。

根据以上总结，本书将综合能源系统故障分为随机性故障和蓄意性故障。当线路、管道与设备发生任何故障而失效时，该部分可以认为失去了工作能力，也就是说，该线路或管道、设备退出了系统网络，引起系统结构的变化，从而影响综合能源系统的供能功能。[90]

2.4.3 复杂网络脆弱性分析指标、方法和策略

健壮同时又脆弱是复杂网络的最基础又重要的特征之一。应用复杂网络理论研究综合能源系统网络的拓扑结构的目的就是理解和解释网络的运行模式，评估网络在面临故障或破坏情况下的容错能力，以确定综合能源系统在如此的拓扑结构下是否健壮，寻找网络中的脆弱环节，考虑对其是否加强保护。复杂网络理论作为研究综合能源系统网络的一种新方向、新方法，不仅考虑了网络的局部细节，而且还从整个网络层面评估网络。

1. 复杂网络脆弱性分析指标

脆弱性也被称为鲁棒性或抗毁性，其可以表述为系统在受到破坏时依旧保持原有功能的能力。网络的功能首先依赖于其节点之间的连通性。综合能源系统网络受到自身故障或者外界的破坏时会造成线路、管道或者设备退出运行，而有些线路、管道或者设备从网络运行状态下消失后会对网络的传输性能有损害，需要通过一些参数指标进行评估。因此，本书通过引入网络破碎度、连通因子、供能效率比三个评价指标对综合能源系统进行脆弱性分析。

(1)网络破碎度

综合能源系统网络在受到破坏或干扰后，可能导致网络结构分裂。分裂后网络不再完整，能量的传输就存在着阻碍。能量的传输仅局限于破碎后的各个子网络，而不能跨网络传输。分裂越严重，意味着网络越破碎，系统瘫痪的可能性就越高，而脆弱性就越差。网络破碎度可以通过最大连通子图的规模来衡量，即用受到破坏后网络中最大联通子图所包含的节点数占原始网络所包含节点数目的比例表示，如式(2—19)所示。

$$S=N_{\max}/N_{os} \tag{2—19}$$

式中，$N_{\max}$ 表示受到破坏后网络中最大联通子图所包含的节点数；N_{os} 表示

原始网络的总节点数。

以上两者之间的比值 S 取值为 $0\leqslant S\leqslant 1$，当 $S=0$ 时，意味着网络中最大联通子图所包含的节点个数为 0，即网络中已不存在任何子图，可以认为网络基本毁灭；当 $S=1$ 时，则意味着网络中最大联通子图就是原始网络图，即网络未受到破坏的初始状态。该指标较直观地反映出最大子网络的相对规模。系统被破坏后网络破碎度越大，网络的联通性越佳，则系统维持原来性能的能力越好，系统脆弱性更强。

(2)连通因子

孤岛效应这一理念广泛应用于数学、经济、电子通信等领域。在经济学中，孤岛效应多应用于景区资源以及区域可持续发展战略的实施。在电子电路设计中，孤岛效应是指电路的某个区域原则上是有电流通过的，而实际没有电流流过的现象。在通信网络中，孤岛效应是指无线移动基站覆盖的不良影响，形成不能正常通信的现象。本书将孤岛效应引入综合能源系统复杂网络研究中，当综合能源系统网络受到破坏时，系统网络会破碎成数个子网络即子图(包括孤立的节点)，这里我们将其称为“能源孤岛”。能源孤岛之间不能跨越传输。能源孤岛越多，则说明系统受损情况越重，脆弱性越低。本书引入连通因子，衡量系统受破坏前后的孤岛数量变换是否清楚。假设网络受到破坏前系统网络的子图个数为 m，受到破坏后网络破碎成 m' 个子图，则连通因子 τ 可表示为：

$$\tau=m/m' \tag{2—20}$$

连通因子 τ 的变化范围为 $0<\tau\leqslant 1$，当 $\tau=1$ 时，说明系统网络中不存在能源孤岛，系统可能还是未受到破坏或者系统遭到破坏后未形成能源孤岛。τ 的数值越小，表明网络的破碎程度越大，此时网络的脆弱性越差。

(3)供能效率比

第二节中我们讨论了网络平均最短距离是复杂网络的重要特征值之一。由于网络平均最短距离的大小在一定程度上反映了能量传输效能，因此其能够在一定程度上反映系统性能变化的情况。但是当网络中出现孤立的节点时，网络的平均最短距离将变成无穷大，因为仅仅通过公式(2—11)定义的平均最短距离的方式来描述网络的整体性能存在一定的局限性，所以本书引入了供能效率这一概念。供能效率是指综合能源系统网络在满足一定的条件时整体能量的传输效率。将供能节点与能量需求节点之间最短距离倒数的均值作为系统的供能效率。系统中供能节点到能量需求节点的距离越近，则传输效率越高[32,91]，具体计算公式如下：

$$E_p=\frac{1}{N_D(N_G+N_W+N_S+N_R)}\sum_{\substack{i\in S_G,S_W,S_S,S_R\\ j\in S_D}}\frac{1}{d_{ij}} \tag{2-21}$$

式中，S_G、S_W、S_S、S_R、S_D 分别表示发电机、气源、储气、热源、各类负荷节点的集合；N_G、N_W、N_S、N_R、N_D 分别表示发电机、气源、储气、热源以及各类负荷节点数。

在系统未遭到破坏时，若节点 i 与节点 j 之间直接相连，则 $d_{ij}=1$；若不存在连接关系，则 d_{ij} 趋向于无穷大。为了方便计算，我们可将其设为一个相对较大的数值。

本书运用供能效率比来反映综合能源系统网络受到破坏后能量整体传输的变化情况，表达式为：

$$e=E_p/E_0 \tag{2-22}$$

式中，e 表示系统的供能效率比；E_0 表示系统受到破坏前的供能效率；E_p 表示系统受到破坏后的供能效率。

供能效率比 e 的取值为 $0\leqslant e\leqslant 1$，当系统未受到破坏时，供能效率比 $e=1$；当系统被彻底破坏时，供能效率比 $e=0$。

2. 指标计算相关算法

由于复杂网络模型中节点与边的规模较大，因此通过人工计算的方式，计算网络脆弱性分析指标中的最大连通子图节点数、网络子图数量以及最短路径时会花费较大的工作量。为了便于对三个指标进行计算，本书将使用广度优先搜索、迪杰斯特与弗洛伊德等一些算法来完成各脆弱性分析指标的计算。本小节将对这些算法进行一些简要的介绍。

(1)广度优先搜索(BFS)算法

要计算公式(2—19)的网络破碎度 S，关键在于计算得到每次被破坏后网络中的最大连通子图。要计算公式(2—20)的联通因子 τ，关键在于得到每次被破坏后网络中子图的个数。根据图论的相关知识，可通过遍历网络的方法来得到网络中子图的个数与最大连通子图。[92]若网络中仅存在一个子图，即网络本身就是最大连通子图，这种情况下则只需要判断该子图是否为全连通图；若网络存在多个子图，则需要运用广度优先搜索(BFS)算法设立多个顶点为起点，寻找网络中的各个子图。

网络的遍历从网络中的某点出发，且每次从一个新的起始点出发进行搜索，然后对网络中所有的顶点进行访问。图中的任意顶点都可能与其他顶点相邻，所以在对图的遍历中必须记录已被访问的顶点，避免重复访问。本书主要运用广度优先搜索网络中的子图数和最大连通子图。广度优先搜索的具体流程如图 2—14 所示。

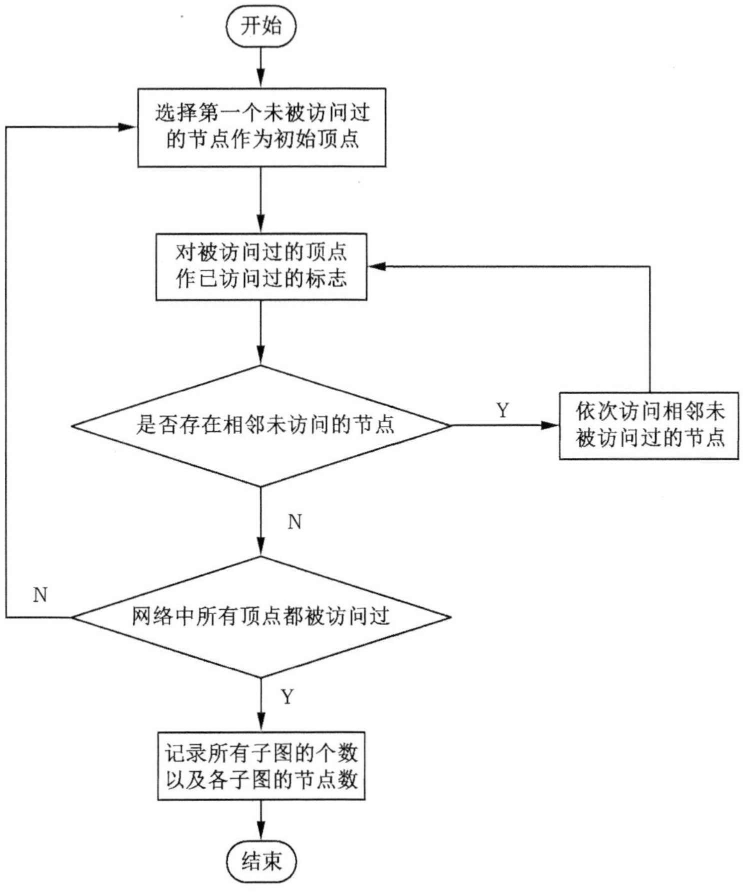

图 2—14　广度优先搜索的具体流程

(2)迪杰斯特(Dijkstra)与弗洛伊德(Floyd)算法

在第二节中提到过,目前计算网络最短路径的方法一般有迪杰斯特(Dijkstra)算法和弗洛伊德(Floyd)算法等,在求解公式(2—21)中的能量传输效率 E_p 时,关键在于计算任意两个节点之间的最短距离 d_{ij}。对于所有权值为非负值边的网络,可运用迪杰斯特算法计算任意单个起点到网络中其他节点的最短距离;在相同的条件下,弗洛伊德算法可以一次获得网络中所有节点对间的最短路径。此外,弗洛伊德算法还要求不能存在权值为负的回路。迪杰斯特与弗洛伊德算法都能满足本书对于计算能量传输效率的需求,因此这里对其进行简单的介绍。

迪杰斯特算法是从一个顶点到其余各顶点的最短路径算法,解决的是有权图中最短路径问题。算法的主要特征是以起点为中心向外扩展,直到扩展到终点为止。迪杰斯特算法的具体流程如图 2—15(a)所示,需要说明的是 U 中顶点的距离为"起点 s 到该顶点的距离",若 S 中的顶点和 U 中的顶点无连接关系,则距离为∞。

弗洛伊德算法使用的是动态编程的思想,在给定网络中找到多个源点之间的最短路径。通过弗洛伊德算法计算网络中各个节点的最短路径时,需要引入一个邻接矩阵 A,矩阵中的元素为 $a[i][j]$,表示顶点 i 到顶点 j 的距离。弗洛伊德算法流程如图 2—15(b)所示,需要说明的是计算邻接矩阵 A 中的 $a[i][j]$ 时,如果 i 和 j 不相邻或者未通过中介点相连,则 $a[i][j]=\infty$。图 2—15(b)中 $a[i][k]+a[k][j]$表示"节点 i 与节点 j 之间经过被选择的 k 个中介点的距离"。

3. 脆弱性分析破坏策略

在以往对复杂网络理论的分析中,大多数学者已经不再严格地区分脆弱性与非脆弱性。对综合能源系统网络进行脆弱性分析的目的是识别网络在遭受到不同的破坏时系统的变化状态、脆弱节点以及连接线路,以防范风险。[93]传统的网络破坏策略按破坏对象可以分为破坏节点和破坏线路,按破坏意图可以分为随机破坏和蓄意破坏。其中,随机破坏模拟的是来自自然界的破坏,例如自然灾害等,因此其破坏顺序不受人为控制;而蓄意破坏模拟的是来自系统敌对方或者恐怖势力的破坏。进行蓄意破坏时,攻击者将从最重要的元器件或线路开始,按重要程度由高到低对系统进行破坏。攻击者对节点、边的重要程度的判定方式有所不同,导致破坏顺序也有所不同。因此,本书采用一组随机和蓄意的模拟破

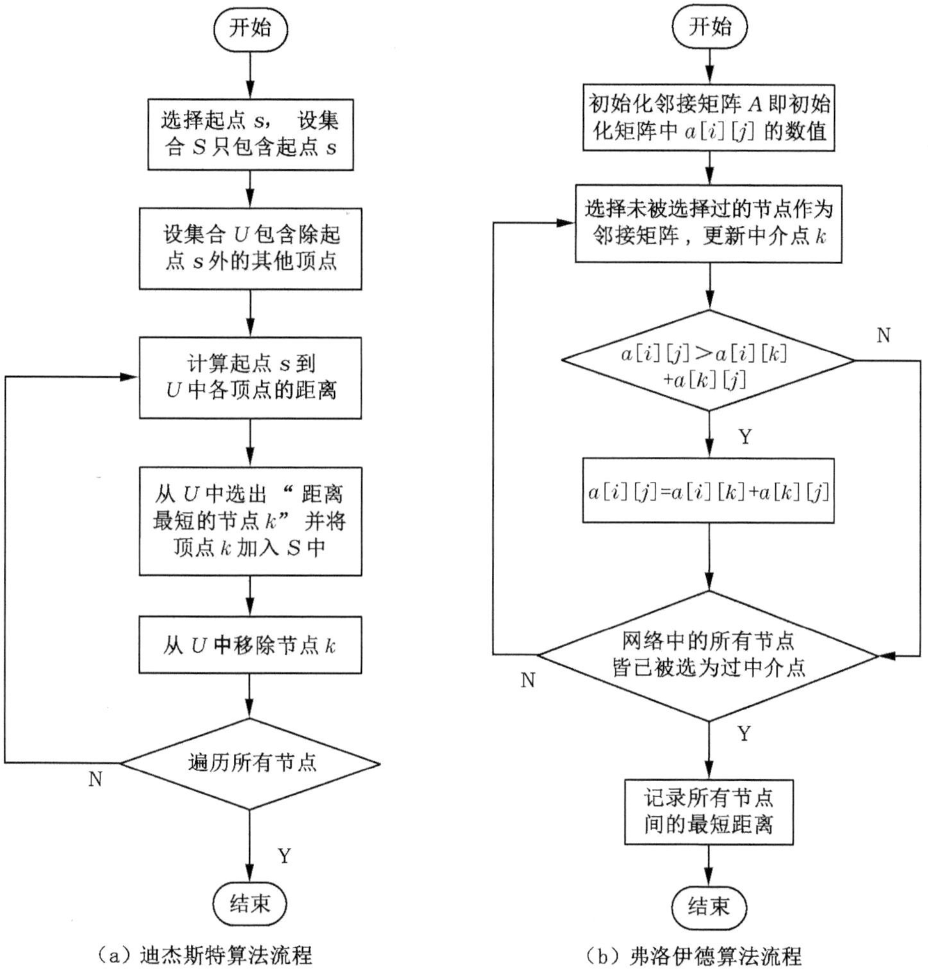

图 2—15　迪杰斯特算法与弗洛伊德算法流程

坏模式来观察综合能源系统网络结构的变化情况，并以此衡量综合能源系统网络的脆弱性，将破坏策略细分如下：

(1)随机破坏网络节点：在网络中随机选取占全网节点总数相同比例的节点进行随机破坏。

(2)优先破坏网络中度数较高的节点：对网络中所有节点按照度数从高到低排序，依次对其进行破坏。度数相同的节点，又分为随机破坏与优先破坏重要度最高节点两种顺序。

(3)优先破坏网络中重要度较高的节点：根据第二节中介绍的方法对网络中所有节点的重要度进行计算并排序，按照重要度由高到低的顺序对节点进行破坏。

(4)优先破坏网络中介数较高的节点：对网络中所有节点的介数进行计算并排序，按照节点介数由高到低的顺序对节点进行破坏。

(5)随机破坏网络边：在网络中随机选取占全网节点总数相同比例的边进行随机破坏。

(6)优先破坏网络中介数较高的边：对网络中所有边的介数进行计算排序，按照边介数由高到低的顺序对边进行破坏。

需要说明的是，本书中的网络破坏是突破设备本身的安保措施后对综合能源系统进行的物理破坏。对于破坏者如何突破设备本身的安保措施，本书不予考虑。一般情况下，系统节点或线路在遭受破坏后因损坏而彻底退出网络，但在计算系统供能效率时，由于节点或边的退出，原网络将被分解成若干个子网络，造成最短距离计算结果无穷大，在该情况下可将受到破坏的边或与受破坏的节点相连的边的权重设置为100来模拟其受到破坏的状态。此外，无论是对节点或对边的破坏，后一次破坏都是基于前一次破坏情况进行的深入破坏。破坏算法的流程图如图2－16所示。

图2－16中，脆弱性分析破坏策略算法仿真步骤具体说明如下：

步骤一：在生成的综合能源系统拓扑结构复杂网络模型中，利用NetworkX对系统进行网络拓扑建模并通过调用degree(G)、nx.betweenness_centrality(G)、nx.average_clustering(G)等算法计算网络中各节点的度数、节点与边介数以及重要度等参数。

步骤二：按照大小顺序将上一个步骤计算的网络参数进行排序，根据不同的参数识别复杂网络中的相对重要程度。

步骤三：根据脆弱性分析的需求选择相应的破坏方式。

步骤四：根据研究需要选择破坏节点或者边的规模，即移除节点或边的数目。

步骤五：若分析网络破碎度或连通因子是按步骤三中的排序依次移除节点或边，则分析供能效率比按步骤中的排序依次将受到破坏的边或与受到破坏的

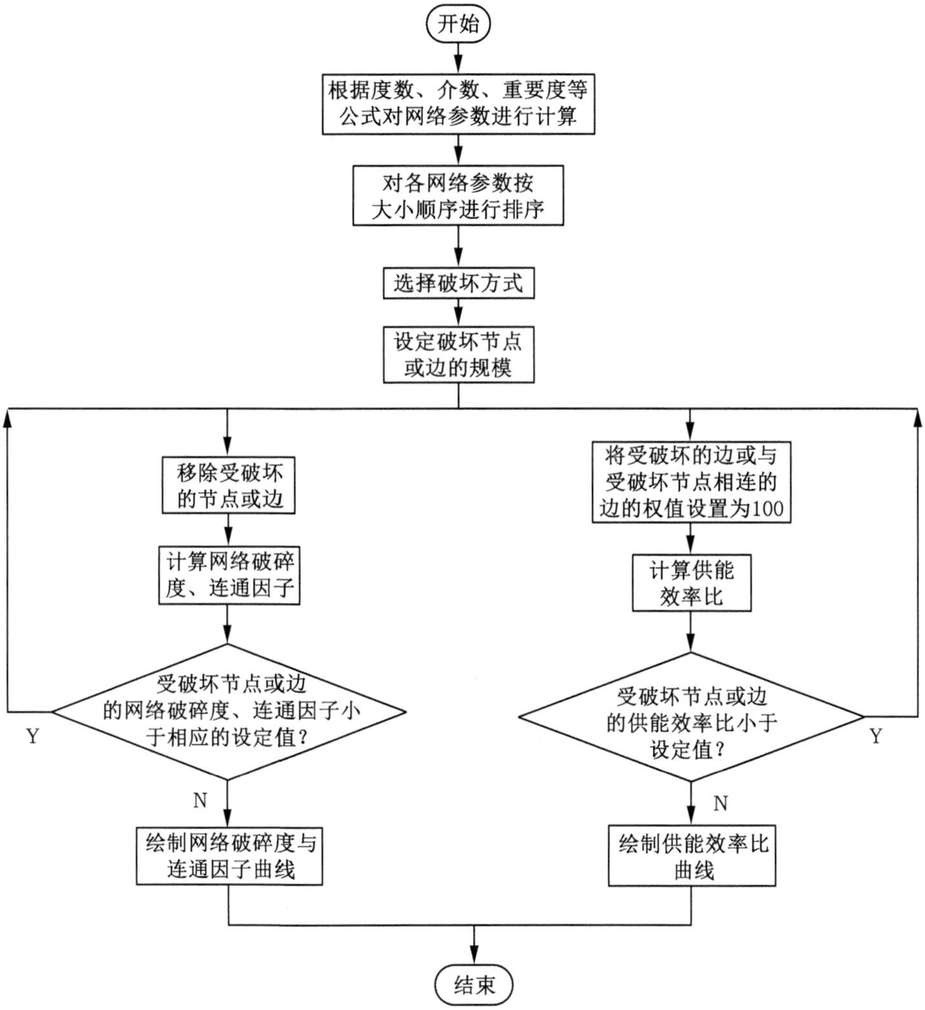

图 2—16　脆弱性分析破坏策略算法

节点相连的边的权值设置为 100。

步骤六:依次分别每次破坏一个节点或者一条边,然后根据公式计算网络破碎度、连通因子与供能效率比。

步骤七:判断计算网络破碎度、连通因子与供能效率比的结果是否小于设定的破坏规模,若小于设定的破坏规模,则记录数值继续回到步骤五;若达到破坏规模,则停止对网络进行破坏。

步骤八:根据记录的网络受破坏后的分析指标数据分别绘制网络破碎度、连通因子与供能效率比数值变化曲线。

2.5 算例分析

2.5.1 电—气—热综合能源系统复杂网络特性分析

第二节已经对复杂网络的基本理论进行了相关介绍,其中包括节点度数、度分布、节点和边介数、平均最短距离和聚类系数等概念与计算方法。本节主要对电—气—热综合能源系统上述相关网络统计特性参数进行计算,并通过与具有同等规模即节点数和平均度数相同的随机网络进行对比,以及节点度分布的分析,进而判定综合能源系统的网络属性。

1. 与相同规模的随机网络对比分析

随机网络具有平均距离长度和聚类系数相对较小的网络特征,一般可以通过与相同规模的随机网络进行比较来讨论复杂网络的特性。根据公式(2—11)、(2—17)可以计算出原始网络的平均最短距离 L 和聚类系数 C,同时通过公式(2—23)和(2—24)可以计算与所研究的复杂网络节点数和平均度数相同的随机网络的平均最短距离 L_{random} 和聚类系数 C_{random}:

$$L_{\text{random}} \approx \frac{\ln n}{\ln < d >} \tag{2—23}$$

$$C_{\text{random}} \approx < d > / n \tag{2—24}$$

根据对比计算结果,可以产生以下的对比关系:

(1)若 $L \approx L_{\text{random}}$ 且 $C \approx C_{\text{random}}$,则该网络与随机网络具有相同的特性,可以判断其网络拓扑结构为随机网络。

(2)若 $L \geqslant L_{\text{random}}$ 且 $C \gg C_{\text{random}}$,则说明此网络具有较高的聚类系数以及较长的平均距离,符合小世界网络的特点。小世界网络介于规则网络和随机网络之间,呈现出高度的局部集聚现象。由于小世界网络具有以上特点,因此在一个规模庞大的网络中存在大量的节点,但其能量的传递速度快,并且少量改变几个连接就可以剧烈地改变网络的性能,通常以此作为小世界网络的重要判断依据。

(3)若 $L < L_{\text{random}}$ 且 $C \gg C_{\text{random}}$,与随机网络相比,实际网络具有更大的聚类

系数和相对较小的平均长度，这表明该网络不仅表现出高度的局部聚集性，而且在节点之间具有大量的连接关系，有时用作无标度网络的标准之一，但在以往的研究中更多采用节点度分布曲线作为判断依据。

(4)其他情况，例如 $L \gg L_{random}$ 且 $C \gg C_{random}$，该实际网络呈现出规则化的趋势，可以判断该拓扑结构为规则网络。其余情况本书不做讨论。

2. 节点度分布曲线分析

在建立的复杂网络模型后，本节根据第二节中介绍的方法计算复杂网络的节点度、度分布与累计度分布数据，并分别绘制网络度分布曲线与双对数坐标下的累计度分布拟合曲线，根据曲线拟合情况，对拓扑结构的复杂网络特性进行判定：

(1)若累计度分布曲线在线性坐标下拟合结果近似为直线，说明度分布服从泊松分布，即网络近似为均匀网络。累计度分布的数学表达式为：

$$P_k : k \tag{2-25}$$

(2)若累计度分布曲线在单对数坐标下拟合结果近似为直线，则说明度分布服从指数分布，即网络近似为小世界。累计度分布的数学表达式为：

$$P_k : e^{-\lambda k} \tag{2-26}$$

式中，λ 表示指数函数系数。

(3)在复杂网络中节点的连接度没有明显的度，在整体上符合幂律分布。[94]无标度并非没有标度，也非无标度均值，而是由于幂函数的曲线不会随其测量单位标度而变化，因此无标度表示为幂律分布的标度，具有不变性。[95]无标度网络中存在少量度数很大的节点，同时无标度网络累计度分布曲线在双对数坐标下拟合结果为直线。累计度分布的数学表达式为：

$$P_k : k^{-\gamma} \tag{2-27}$$

式中，γ 表示幂函数系数。

3. 电—气—热综合能源系统静态特性分析

上文分别对“与相同规模的随机网络对比分析”与“节点度分布曲线分析”两种复杂网络特性分析方法进行了介绍。通过参考其他相关研究文献，可以发现目前研究者主要通过与相同规模的随机网络对比分析的方法来判断网络是否具有小世界特性，通过节点度分布曲线分析的方法来判断网络是否具有无标度特性，因此本书同样分别采取这两种方法对 2.3.2 中建立的电—气—热区域综合能源系统网络进行小世界、无标度特性的判定，在 2.3.3 中所建立的电—气—热综合能源系统复杂网络模型的基础上，对其网络结构进行分析；在 NetworkX 中调用 G. degree()计算电—气—热综合能源系统网络中所有节点的度数，并统计出各度数的节点数量，如表 2—2 所示。

表 2—2　电—气—热综合能源系统网络度数

度数	数量	度数	数量	度数	数量
1	11	2	25	3	6
4	11	5	4	6	2
7	1				

根据表 2—2 的数据，绘制电—气—热综合能源系统网络的度分布曲线，如图 2—17(a)所示。从图 2—17(a)可以很直观地看出，该系统网络中大部分节点的度数较低，只有极少数节点具有高度数。绘制双对数坐标下的累计度分布拟合曲线，如图 2—17(b)所示。双对数坐标下的累计度分布拟合曲线基本呈线性，拟合优度为 0.8，表明拟合效果良好。以上特征皆符合无标度网络的特性。

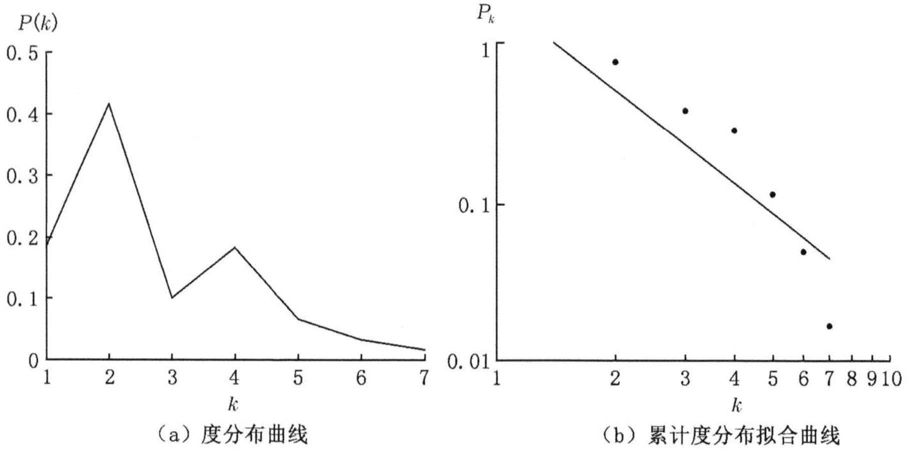

(a) 度分布曲线　　(b) 累计度分布拟合曲线

图 2—17　度分布与累计度分布曲线

根据公式(2—4)、(2—17)、(2—11)计算得出电—气—热综合能源系统网络的平均度数、平均聚类系数和平均最短距离分别为 2.7、0.1307、4.6921。与本算例中综合能源系统网络具有相同节点与边数、同规模的随机网络的平均最短距离与聚类系数为：

$$\begin{cases} L_{\text{random}} \approx \dfrac{\ln n}{\ln d} = \dfrac{\ln 60}{\ln 2.7} = 4.122 \\ C_{\text{random}} \approx \dfrac{d}{n} = \dfrac{2.7}{60} = 0.045 \end{cases} \tag{2-28}$$

根据小世界判据，即 $L \geqslant L_{\text{random}}$、$C \gg C_{\text{random}}$，可知该综合能源系统网络的平均最短距离大于其对应的随机网络的平均最短距离，而其聚类系数为相对应的随机网络最短距离的两倍，因此可以认为该综合能源系统网络基本符合小世界特性，或者说与其所对应的随机网络相比更具有小世界特性。

2.5.2　电—气—热综合能源系统网络脆弱性分析

本节将在第三节所建立的电—气—热综合能源系统复杂网络模型的基础上，首先对模型中的网络节点与边的参数进行计算，选取适当比例的节点与边进行排序，然后根据 2.4.3 中介绍的脆弱性分析破坏策略与分析指标，对算例中的综合能源系统复杂网络模型进行脆弱性分析。

1. 系统节点与边参数计算及排序

系统节点与边参数计算及排序是系统脆弱性分析的前提条件。利用 NetworkX 调用算法计算该综合能源系统网络中各节点与边的参数并对其进行排序，为后续的脆弱性分析提供了数据支持。根据前面所介绍的方法对本算例中的电—气—热综合能源系统复杂网络计算各节点重要度，并选取节点重要度数值排在 30%的节点按由高到低的顺序进行排序，结果如表 2—3 所示。按度数从高到低的顺序选取排在前 30%的节点进行排序（度数相同的节点随机排列），排序结果如表 2—4 所示。

表 2—3　电—气—热综合能源系统复杂网络重要度前 30%的节点

节点	重要度	节点	重要度	节点	重要度
59	4.425×10^{-3}	51	4.237×10^{-3}	53	4.009×10^{-3}
6	4.419×10^{-3}	36	4.149×10^{-3}	33	4.008×10^{-3}
9	4.375×10^{-3}	25	4.084×10^{-3}	4	3.993×10^{-3}
24	4.300×10^{-3}	39	4.083×10^{-3}	15	3.971×10^{-3}
10	4.258×10^{-3}	35	4.054×10^{-3}	45	3.961×10^{-3}
40	4.238×10^{-3}	12	4.010×10^{-3}	58	3.935×10^{-3}

表 2—4　　电—气—热综合能源系统网络度数前 30%的节点

节点	度数	节点	度数	节点	度数
6	7	36	5	33	4
10	6	2	4	35	4
59	6	4	4	39	4
9	5	15	4	40	4
12	5	24	4	44	4
25	5	27	4	45	4

在重要度排序前 30%的 18 个节点中有 8 个节点为能源集线器元件或与能源集线器相连，占比约为 45%，由此说明能源集线器元件或与能源集线器相关联的节点在综合能源系统网络中有着较为重要的地位。

通过调用节点介数与边介数算法对算例中的综合能源系统网络进行计算，并按照由高到低的顺序进行排序，选取介数排序前 30%的节点和排序前 29%的边，排序结果分别如表 2—5、表 2—6 所示。

表 2—5　　电—气—热综合能源系统网络介数前 30%的节点

节点	介数	节点	介数	节点	介数
59	0.2880	25	0.1707	52	0.1046
9	0.2812	10	0.1540	45	0.1040
6	0.2583	53	0.1534	27	0.1037
24	0.2402	35	0.1241	23	0.0933
40	0.2240	58	0.1219	15	0.0911
51	0.2226	39	0.1147	36	0.0893

表 2—6　　电—气—热综合能源系统网络介数前 29%的边

边	介数	边	介数	边	介数
40—51	0.1931	23—24	0.1155	22—24	0.0843
24—51	0.1912	45—52	0.1092	9—10	0.0825
6—9	0.1695	24—25	0.1068	51—59	0.0793
9—53	0.1653	15—23	0.0983	6—28	0.0775
35—40	0.1384	4—6	0.0924	28—27	0.0760
9—52	0.1264	27—25	0.0923	40—41	0.0675

2. 系统脆弱性分析

上面已对综合能源系统网络的各节点与边的参数进行了计算，并选取一定比例的节点与边对其进行排序。按照 2.4.3 节的介绍，通过依次移除这些节点和边来模拟随机与蓄意破坏顺序，计算在不同的故障下综合能源系统的网络破碎度、连通因子、供能效率比。以破坏程度即受破坏节点或边的数量占节点或边总数量的比值为横坐标，绘制综合能源系统网络在 7 种不同故障模式下逐个破坏 18 个节点或 22 条边后的网络破碎度指标函数曲线、连通因子指标函数曲线和系统供能效率比函数曲线，分别如图 2—18 至图 2—20 所示。

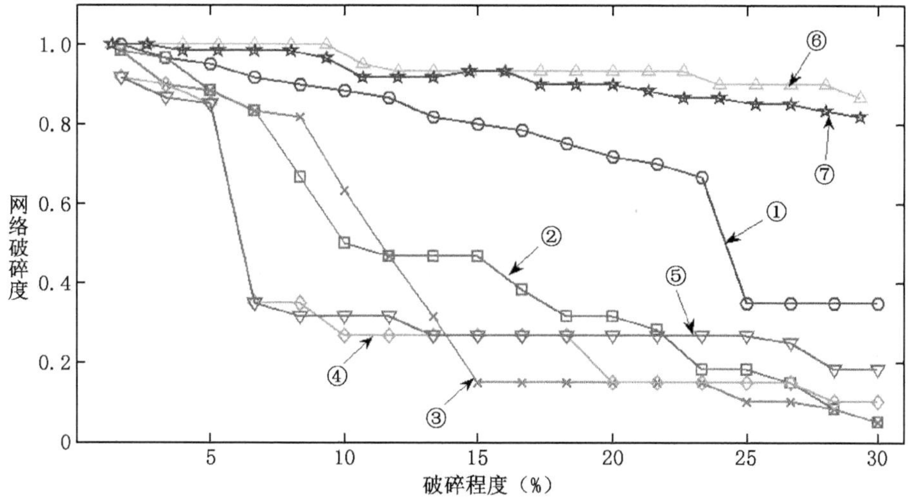

注：①表示随机破坏节点；②表示优先破坏度数最高的节点(度数相同时随机破坏)；③表示优先破坏度数最高的节点(度数相同时破坏重要度最高的节点)；④表示优先破坏重要度最高的节点；⑤表示优先破坏介数最高的节点；⑥表示随机破坏边；⑦表示优先破坏介数最高的边。

图 2—18　不同破坏策略下综合能源系统的网络破碎度

通过对比不同破坏策略下的网络破碎度、连通因子与供能效率比曲线可得到如下结论：

(1)在电—气—热综合能源系统网络中，相较于能源元器件或负荷节点受到破坏，当线路或管道受破坏时表现出更强的脆弱性。

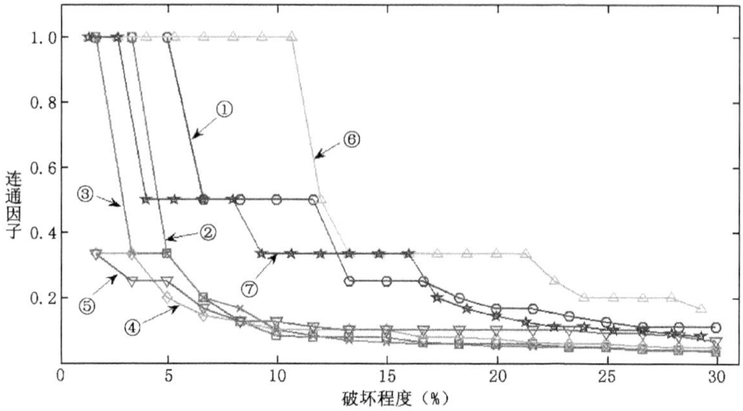

注：①表示随机破坏节点；②表示优先破坏度数最高的节点（度数相同时随机破坏）；③表示优先破坏度数最高的节点（度数相同时破坏重要度最高的节点）；④表示优先破坏重要度最高的节点；⑤表示优先破坏介数最高的节点；⑥表示随机破坏边；⑦表示优先破坏介数最高的边。

图 2－19　不同破坏策略下综合能源系统的连通因子

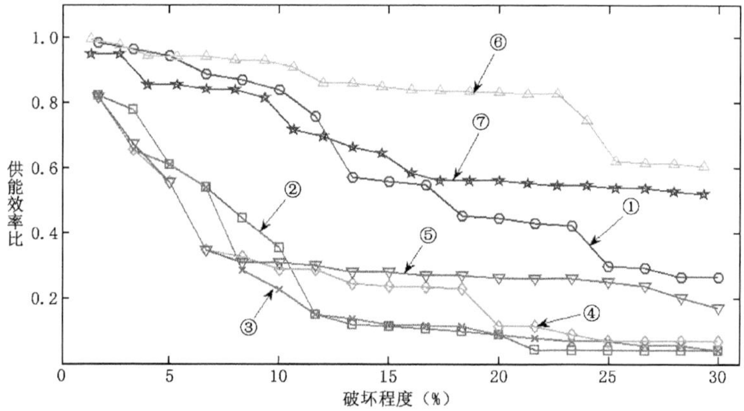

注：①表示随机破坏节点；②表示优先破坏度数最高的节点（度数相同时随机破坏）；③表示优先破坏度数最高的节点（度数相同时破坏重要度最高的节点）；④表示优先破坏重要度最高的节点；⑤表示优先破坏介数最高的节点；⑥表示随机破坏边；⑦表示优先破坏介数最高的边。

图 2－20　不同破坏策略下综合能源系统的供能效率比

当节点破坏程度为 20%时，随机破坏网络节点策略下的网络破碎度为 0.717、连通因子为 0.167、供能效率比为 44.77%；相同的破坏程度下，随机破坏边策略下的网络破碎度为 0.933、连通因子为 0.333、供能效率比为 83.33%。从图 2—18 至图 2—20 可以看出，对于蓄意破坏，当破坏程度相同时，节点受破坏时的各指标值也明显低于边受破坏时的各指标值。同时也可以较直观地看出，相较于破坏边，破坏节点时各指标曲线下降得更快、性能指标衰减得更快，这也说明破坏元器件或负荷比破坏线路或管道对综合能源系统网络性能的影响更大。这是因为：当系统网络中的节点受到破坏时，必然会牵连网络中的边甚至影响多条线路；而当系统网络中的线路或管道受到破坏时，不一定会影响网络节点。

(2)当电—气—热综合能源系统网络受到随机破坏时表现出比受到蓄意破坏时更强的脆弱性。

从图 2—18 可直观地发现，随机移除节点与边时的指标曲线比其他策略下的指标曲线下降得更为缓慢，当 30%的节点遭到破坏时，随机破坏策略下的网络破碎度下降了 65%，而其余蓄意破坏策略下的网络破碎度皆下降了 85%以上；当节点破坏程度为 5%—10%时，蓄意破坏策略下的网络性能急剧下降，而随机破坏策略下网络性能的下降趋势较为平缓。

从图 2—19 可以明显地看出，当蓄意破坏系统重要度、介数最高的节点时，系统的连通因子数值迅速下降到 0.333，而在节点受到程度为 5%的随机破坏与边受到程度为 10.67%的随机破坏前，连通因子的值未发生变化，同时对比相同破坏程度范围内图 2—18 中的网络破碎度曲线，发现其变化趋势也相对较平缓。这主要是因为：当综合能源系统网络受到随机破坏时，其破坏程度未能导致系统立刻发生破坏，即不会产生新的能源孤岛，这时的网络连通因子将在一定的范围内保持不变。而图 2—18 中网络破碎度相关曲线没有发生变化的主要原因是破坏的元器件或线路不在最大连通子图内，即上一次故障后形成的能源孤岛，因此未对最大连通子图内的系统运行产生太大的影响。以上结论反映了本书所建立的电—气—热综合能源系统具有复杂网络“无标度”的特征。

(3)从系统网络破碎度与供能效率比来看，优先破坏度数最高的节点与破坏重要度最高的节点对系统产生的损害最大；从连通因子来看，优先破坏重要度最高的节点与破坏介数最高的节点对系统产生的损害最大。

网络破碎度曲线(见图 2—18)和供能效率比曲线(见图 2—20)中，综合对比所有曲线，优先破坏度数最高的节点与破坏重要度最高的节点曲线的下降速度和程度都最大；从图 2—19 可知，优先破坏重要度最高与介数最高的节点，系统连通因子都降为 0.333，这意味着综合能源系统立刻破裂为 3 个子系统，因此容易产生“孤岛”，严重影响综合能源系统的运行。

此外，对比随机破坏节点与优先破坏重要度最高的节点策略下的网络破碎度曲线（见图 2—18）和供能效率比曲线（见图 2—20）可发现，在节点度数相同的情况下，优先破坏重要度最高的节点策略下的网络破碎度急剧下降，而随机破坏策略下的曲线下降较为平缓。但在图 2—20 中曲线②与曲线③的破坏程度为 13.33%后，节点度数相同情况下，随机破坏曲线（破坏到发电机节点 2 后）低于优先破坏重要度最高节点曲线（破坏到负荷节点 24 后），说明对于供能传输效率而言，重要度不能完全评价节点的重要性，还应综合考虑是否为能源供应点等重要因素对节点进行综合评判。

2.6 结论与启示

相对于传统的能源电力网络，综合能源系统中交叉互联的各种能源使得系统网络的复杂程度大大增强，因此对系统可靠、安全运行就提出了更高的要求。综合能源系统的安全、稳定运行也成为重要的研究课题。采用复杂网络理论对综合能源系统进行脆弱性研究，可以识别系统网络中的薄弱环节、评价系统的抗毁能力，通过研究得到以下结论：

（1）基于复杂网络的脆弱性研究目前正处在发展阶段，已被应用于天然气网络、电力系统等传统能源领域。目前已有学者从复杂网络视角下对综合能源系统的脆弱性研究进行展望，但具体研究甚少，尚处于起步阶段。

（2）本书介绍包括复杂网络基本概念与节点度、节点与边介数等统计特征参数与基本模型，并引入节点重要度的概念，将其运用到电—气—热综合能源系统脆弱性分析中。节点重要度的引入解决了度数相同的情况下无法对节点进行合理排序的问题，同时证明了在综合能源系统中耦合元器件或与耦合元器件相关联节点对于系统起到较为重要的作用。

（3）本书在复杂网络理论视角下建立了电—气—热综合能源系统拓扑网络模型。该系统包括电力系统（IEEE 30 节点系统）、天然气系统（改进低压配气 18 节点系统)以及相关的热网元件。利用 NetworkX 建立系统拓扑网络建模,并对相关特征参数进行计算,通过与相同规模的随机网络对比分析的方法,判定本书中的电—气—热综合能源系统网络基本符合小世界特性;通过分析节点度分布与累计度分布曲线的方法,判定本书中的电—气—热综合能源系统网络具有无标度特性。

(4)研究引入了网络破碎度、连通因子、供能效率比 3 个分析指标,对电—气—热综合能源系统在 7 种不同破坏策略下进行了脆弱性分析,通过分析,发现基于复杂网络的电—气—热综合能源系统在面对边破坏与随机破坏时表现出相对较强的脆弱性;相较于能源元器件或负荷节点受到破坏,当线路或管道受到破坏时表现出更强的脆弱性。此外,面对各种蓄意节点破坏时系统网络也表现出不同等级的脆弱性,通过对比发现:从系统网络破碎度与供能效率比来看,优先破坏度数最高的节点与优先破坏重要度最高的节点对系统产生的损害最大。就供能效率而言,虽然一些供能点具有较低的度数和重要度,但其对供能效率具有重要的作用,因此应综合考虑;从连通因子来看,优先破坏重要度最高的节点与优先破坏介数最高的节点对系统产生的损害最大。

(5)基于脆弱性分析的结果,并参考了电力、天然气等网络的优化方法,提出了重要度较高的元件设置热备用,以及基于节点介数同时兼顾节点度数及重要度数加边的综合能源系统复杂网络优化策略,并将此运用于电—气—热综合能源系统网络算例中。结果表明设置热备用的方法能够明显提高重要元件抗破坏概率,按策略加边的方法对系统网络优化后,系统中参数较大的一些节点受到蓄意破坏时脆弱性有了明显的提高,但有时候要牺牲一些重要程度较低节点的抗毁性,因此需根据实际工程情况对其进行取舍。

2.7　本章小结

本章在总结当前基于复杂网络的综合能源系统构架与单一能源系统研究的基础上,提出在复杂网络视角下综合能源系统脆弱性分析的模型与方法,并将其运用到电—气—热综合能源系统网络中。利用基于 Python 语言的 NetworkX 软件包对模型进行转化与计算,引入网络破碎度、连通因子、供能效率比 3 个分析指标,根据不同的模拟故障下系统的受损情况综合分析综合能源系统的脆弱性,识别系统中潜在的脆弱点,为综合能源系统大规模工程的实践奠定基础。

第3章　综合能源市场利益主体分配机制

3.1　引言

目前,国内外学者已从多个方面对利益分配问题进行了研究。其中,按照研究视角的不同,可以将利益分配问题的相关研究分为以下三类:(1)基于模型考虑的因素。根据模型考虑的因素不同,成员之间利益分配的结果也有所不同。[96-98](2)基于利益分配方法。成员间利益分配方法一般有 Shapley 值法、最小核心法、弱最小核心法、比例最小核心法、Nash 协商法、群体重心法等。[99-103](3)基于契约分析。[104-107]

在环保压力加剧、能源供应紧缺的状况下,能源互联、绿色低碳、高效利用是未来能源发展的方向。综合能源系统作为一种人类社会能源的承载形式,可以实现多种类型的能源耦合,灵活接入和消纳分布式能源,逐渐进入人们的视野。伴随着综合能源系统研究的逐步深入,相关业务服务将产生新产业、新业态,形成不同的商业模式。随着电改的逐步深入,电源运营主体向用户直接售电成为可能。如何在资源优化配置的同时满足各方的利益诉求,公平、合理地分配收益是有待深入分析的问题。收益分配方法是综合能源系统运营模式的重要组成部分,也是现阶段研究的热点问题。

关于综合能源系统收益分配,目前已有研究侧重于非合作模式下的收益问题或仅考虑部分主体的收益。例如,杨峥等针对三方市场主体,提出了以能源运营商为主体的市场交易框架,建立了三方理性追求自身利益最大的非合作博弈模型。[108]马恒瑞等建立了储能参与调频服务的区域综合能源运营优化模型,保证了电能与调频服务市场总体利润最大。[109]王旭东等从整体角度出发提出了多主体商业运营模式，但未考虑整体收益如何分配至各参与主体。[110]薛金花等提出了 3 种光伏运营模式，并分析了用户及能源投资商在不同运营模式中的效益，但并未考虑用户负荷和光伏系统之间的联系。[111]WEI 等针对多能交易问题，提出一种基于分层 Stackelberg 博弈模型，用于解决交易中各主体的利益均衡问题。[112]LEE 等重点研究了微网间分布式能源交易机制，提出收入按销售额比例进行分配。[113]Shapley 值法具有计算方便、所得解唯一的特点，广泛用于研究供应链利益分配问题。付秋芳等将 TOPSIS 与 Shapley 值相结合，并将其应用于供应链利益分配。[114]李军等在研究企业协同创新联盟利益分配问题时，对 Shapley 值法进行改进，使其联盟更加稳定。[115]Shapley 值近年来也逐渐应用到能源领域。闫庆友等构建了基于 Shapley 值的碳排放因素分解模型，并分析了京津冀火电行业碳排放因素。[116]周长城等建立了工业园区综合能源的合作博弈模型及效用函数，但未能建立不同运营模式的收益模型。[117]谭忠富等基于 Shapley 值法解决了风火收益分配问题。[118]武昭原等使用 Shapley 值法解决了风电场与抽水蓄能电站间以及多风电场间的收益分配问题。[119]曹文英考虑公平与效率、回报与风险，构建了改进的 Shapley 值模型。[120]

鉴于目前研究较多集中在多能系统下单独运营，只追求单方利益最大，因此，对合作模式下的多主体行为和各主体的收益分配研究较少。本节以分布式综合能源系统为研究对象，考虑多方主体合作运营的整体利益，运用 Shapley 值法对各主体的合作收益进行分配，再运用改进的 Shapley 值法进行利益分配优化，并将其应用到一个由发电公司、电网公司和用户三方主体组成的分布式综合能源系统中。

3.2　综合能源市场利益主体分析

综合能源系统存在政府、电网公司、发电企业（分布式发电）、供暖（气）公司、热力公司、用户、售电公司（负荷集成商）、设备公司、节能服务公司、互联网公司和金融服务商等相关利益方。其中，核心利益方有发电企业、电网企业、用户等。综合能源市场主体分析见图 3—1。

1. 政府

政府需要对发电企业、热力公司、电网公司和供暖公司这些关乎能源生产安

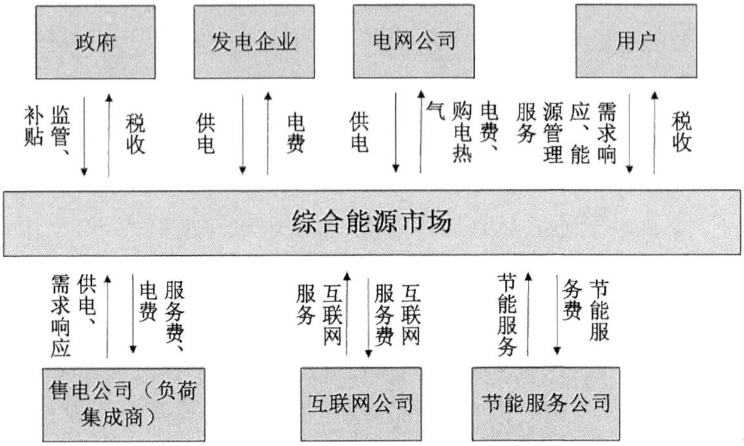

图 3—1　综合能源市场主体分析

全的主体进行有效的监管。政府与这些部门之间存在一定程度的信息交换，如产能/供能、营业额等基本情况。在有些情况下，政府部门也要对互联网公司和金融服务进行监管，保证区域综合能源服务在融资、投资和运营等不同阶段有效实施。对于政府部门，除了与发电企业的税收和补贴等资金交换外，同样与热力公司、电网公司和供暖公司等也有税收和补贴等资金往来。

2. 发电企业

发电企业是能量的生产者，也是能量流的源头。[121]发电企业除了与政府部门进行信息交换，还要与电网公司、供暖公司等进行功率、能耗等相关信息交换，以保证充足且合理的能量供给。发电企业也可以通过互联网平台发布融资等相关信息。在允许大用户直购电的情况下，发电企业与用户和负荷集成商也可能存在一定的信息交换。发电企业通过园区内风电、光伏、冷热电联供等分布式电源为园区提供电力，并通过售电公司为经营性电力用户提供售电服务来盈利。

3. 电网公司

通过电网公司实现能源的传输，也可能存在能量的转化。电网公司等需要与设备公司进行信息交换，实现能量传输和转换设备的监测与评估。在需要融资的情况下，电网等企业也可能与金融服务公司开展信息交换。对于电网公司、供暖公司、热力公司等，一方面，向发电企业购买电、热、气等能量，并向其支付相关费用；另一方面，向负荷集成商、用户等售卖相关能量，向其收取相关费用。

4. 售电公司(负荷集成商)

售电市场开放后,售电公司作为供电服务机构,通过开拓业务范围,为电力用户提供内部配电网络的更新、改造以及日常维护等业务,探索盈利模式。负荷集成商希望为园区内的电力用户提供复合服务,管理和分配聚合资源,获得一定的服务费用。售电公司可在电力市场中购电,在售电市场中为园区用户提供供电套餐及售热、多能联供、能源交易等服务,为用户提供定制化的能效管理。负荷集成商可将园区内具备需求响应能力的电力用户集中在一起,对外以整体的形式参与多个能源市场,对内以独立公平的运营者角色管理和分配这些聚合资源。

5. 用户

用户是能量流的终端,也是最终的服务对象,是园区综合能源服务的最重要组成部分。随着分布式可再生能源、储能等的并网,传统用能用户将变得更加"主动",能够在一定程度上实现能量的自给自足,甚至有可能实现剩余能源反向输送给电网等情况。[122]因此在电网公司、负荷集成商和用户三者之间,能量流是双向的,用户可能向电网注入能量。不过,对于热力和燃气,用户反向注入能量的可能性较低。负荷集成商和用户是三者的下游,需要实时交换能量消耗信息,以帮助三者对整合能源系统的运营有所保障。

6. 互联网公司

互联网公司为金融服务商的融资等进行信息发布,也可以为节能服务公司提供类似的信息发布渠道。互联网公司成为整个信息流分析的核心,因为几乎所有利益相关方都需要通过互联网平台发布和交换相关信息,扮演了一个枢纽的角色。

7. 节能服务公司

节能服务公司面向的主要是用户和负荷集成商,通过对用户和负荷集成商的能耗数据、交易数据等进行分析,为其提供个性化的能效提升方案。节能服务公司也与金融服务、互联网公司存在一定的信息沟通,为用户和负荷集成商潜在的投资等提供建议。

3.3 综合能源市场利益主体分配影响因素指标

一个综合能源服务项目往往有多个参与主体。发电企业、电网企业、负荷集成商作为三个主要的利益主体，在对项目利润进行分配时，由于自身实力、参与程度等因素的存在，获得的利润存在较大的差别。因此，合理设置利益分配影响因素指标，设计令各方满意的分配机制是需要认真思考的问题。根据相关研究成果，影响综合能源市场利益主体收益分配的因素有风险分摊、投入程度、协作优化和环境污染。

3.3.1 风险分摊

各主体在参与综合能源市场竞争合作时会面临各种各样的风险，即外部风险与内部风险两种。

1. 外部风险

外部风险主要指各主体参与综合能源市场时可能面临的自然、能源市场、政治政策等风险。

自然风险主要指风力、光伏、水电等新能源发电商由于与自然资源息息相关而面临的风险。能源市场风险主要指传统发电商由于需要买进燃料而面临的燃料价格风险以及设备生产商面临的上游原材料价格波动风险，其价格很大程度上由政策因素和上游行业决定。一般来说，从燃料到终端销售产业，链条越长的细分领域，风险越大。以生物质行业为例，从燃料收集、运输、储存、转化到终端利用，相对于其他能源产业，链条较长，特别是制气、成型燃料等业务类型，不但受到上游供给约束，而且受到下游燃气接入、产品（副产品）销路的影响。整个产业需要打通的环节较多，价格和销售体系不畅，导致进入的企业受限，这是生物质产业难以壮大的原因之一。反观风电、光伏，其起步之初对政策补贴的依赖甚至大于生物质能，但由于其产业链条短，从自然界的风、光直接转化成电能上网，能量来源和销路都很顺畅，也是促进风电、光伏快速发展壮大的重要原因。

政治风险主要指国家发布的相应补贴、审批政策。各主体在参与海外市场时所面临的地缘政治风险，严重者甚至导致血本无归。此外，由于能源行业具有较强的外部性，能源不可能三角表明，低碳能源往往不是最经济的能源，全靠市场化手段无法促进低碳能源和节能服务的长远发展，而依靠补贴或财税减免等政策，会给整个行业带来系统性风险。回顾近年的能源政策，对于补贴的一刀切式下降，给风电、太阳能等行业的发展带来一定的困扰，更给生物质发电行业带来沉重的打击。虽说“绿水青山就是金山银山”，但是搭建起“绿水青山”和“金山银山”之间的转换桥梁，需要建立碳排放权交易等市场机制，把可再生能源、综合能源正的外部性显性化，有效化解政策风险，促进行业长远健康发展。同时，高耗能行业受行业政策的影响大，因此必须加强对政策的研判，避免踩雷。

2. 内部风险

内部风险主要指各主体企业的内部风险，包括各方的技术、经济、管理等方面的风险，如新能源发电商面临的由于发电技术升级带来的电价波动风险，传统发电商面临的机组发电寿命、调峰等风险，储能商面临的电池组运行安全等风险，负荷集成商则需要精准地预测其聚合的负荷，避免因为偏差考核带来巨额的罚款。

企业内部风险是一种比较多样化的风险类型，主要受到客户未来经营情况和支付能力的影响，也与客户的履约诚信度高度相关。企业类型对企业财务的生存能力影响较大，同时公开的披露机制或第三方提供的资信评价是进行信用风险管理的凭证，开展详细的调查是化解风险的重要手段，包括客户经营情况、现金流情况、负债情况、有无影响支付能力的重大事项或突发情况、第三方资信评价、资产抵质押情况、行政处罚和违约情况等。

特别需要注意的是，在目前实施较多的综合能源项目中，区域供冷供热（区域能源）项目会是风险较大的一类，而其主要风险来源就在于冷热实际需求量低于预期。受地产入住率、用户接入意愿和实际用能量与预测值的偏差影响，经常导致项目投资失败，因此，设计合理的商业模式来化解市场风险成为众多主体的当务之急。一些学者提出的“容量＋流量”或者“接口费＋流量费”等风险共担的方式，有利于培育健康的市场环境。

3.3.2　投入程度

各主体在衡量自身实力与项目前景之后会进行不同程度的投入。投入程度作为最直观的分配影响因素，需要进行细致的衡量。

1. 资源投入

各利益主体在综合能源系统建设、运营过程中所投入的人力、物力、财力也各不相同。这些投入是保证项目成功的关键,也是各利益主体的主要经济投入,应将其作为分配收益的重要指标。综合能源项目的投资往往在千万级与亿级之间,其中以发电侧的投资最大,因此在对传统利益分配时发电商所得收益最大,但是在综合考虑项目整体运行状态后,其所得收益会下降。

不同类型项目的技术难度、产品设备成熟度、工程实施难度、主体执行能力匹配度都不尽相同。综合能源项目的重点在于成熟技术的集成,坚持适度先进原则,不唯技术论,处于试点示范、早期推广阶段的产品设备谨慎使用;坚持效益原则。某种意义上综合能源是一种最优化科学,采用多种能源技术优势互补以实现投资收益最优,但在单一技术路线能取得更好效果的场景下,建议坚持经济和实用原则,不盲目地为了综合而综合。

2. 隐性收益

当前的综合能源服务市场正处于高速发展期,不同公司拥有的经验、知名度、合作关系各不相同。目前综合能源服务项目采取的合同能源管理(EMC)等形式往往以 20 年甚至 30 年作为合约期。因此一些小型公司或者是新兴企业必须与大公司进行合作才能顺利拿下合同。这种情况下,用户可以放心签约;小企业拿下了合同,提升了知名度;大企业实现了商誉变现。目前国家电网公司各省级综合能源服务公司都在积极探索此类合作,以安徽省综合能源服务公司为代表,积极与各科技公司合作,推动了一大批综合能源服务项目的实施及综合能源市场的高速发展。合作的部分收益无法用货币衡量。公司进行收益分配时,应考虑隐性收益,如获得隐性收益较大的小型公司应适当减少经济收益。本书选取商誉隐性收益和知名度隐性收益。

3.3.3 协作优化

综合能源服务项目的成功离不开每个主体的紧密协作,如果主体在项目建设运营过程中高质量地完成本职工作并积极推动系统高质量运行,则该主体所得收益应较高。

1. 项目成果

高质量完成本职工作的主体应分得更多的收益。将成果等级评选纳入收益分配标准,有利于各主体高标准、严要求地完成本职工作。发电商应确保机组发电时长与电能质量达标,避免因发电量不够导致需要从现货市场买入高价电;电网侧应按照约定足额收购余电，储能商需积极提供调峰填谷等辅助服务，并确保自己的电池组安全运行；负荷集成商应提升自己的负荷预测能力。本书选取主体运营成果。

2. 优化效果

在项目进行过程中，各主体间的相互协作能推动系统高质量运行。将合作程度作为收益分配的指标可调动联合体成员的积极性，实现利益最大化。积极性高且协助程度高的主体应获得更多的收益。本书选用主体运营优化效果。

3.3.4　环境污染

2021 年 3 月 15 日，中央财经委员会第九次会议举行，把“碳达峰”“碳中和”纳入生态文明建设整体布局。会议提出要构建清洁、低碳、安全、高效的能源体系，实施可再生能源替代行动，构建以新能源为主体的新型电力系统。综合能源系统作为提升风光等可再生能源消纳能力、减少系统内二氧化碳排放、推动碳减排的重要路径之一，已经成为中国“十四五”期间能源领域发展重要的战略方向。因此，本书将碳排放作为一项重要指标加入分配机制中，以推动 3060 目标的实现。

1. 碳排放

当前的政策环境下，碳排放应成为各主体考虑的重要因素，高排放应向低排放升级。碳排放方面，储能与新能源机组使用阶段不会产生碳排放，但其全生产运输过程中产生的碳排放量亦不可忽视。发电侧作为综合能源系统中的碳排放大户，是“碳达峰”环节最具优化潜力的部分。

2. 其他污染

用户作为综合能源系统的使用者，其核心目的是降低能源使用费用，减少环境污染，提升生活质量。因此各主体运行中的噪音等污染也会影响系统正常运行。

3.4　综合能源主体利益分配原则与方法

3.4.1　综合能源主体利益分配原则

在综合能源系统中，为了抓住某一市场机遇，系统中的某些主体（它们拥有不同的文化、背景、资源、能力等）将根据各方的实际情况共同组建合作。如何把整个合作过程中所获得的利益公平、合理地分配给各节点主体,以保证整个合作网运行通畅和战略目标最终达成,成为综合能源市场主体运行过程中的一个非常重要的难题。公正、合理的利益分配机制不仅能够提高合作中各主体的积极性,而且可以有效地规避各种风险。总体来讲,综合能源系统中的各主体在进行利益分配时应遵循以下几个原则:个体理性原则、平等互利原则、利益分配结构最优原则、合作共赢原则。

1. 个体理性原则

在综合能源系统中,各企业参与合作后所获得的利益应大于各企业单独行动所获得的利益。

2. 平等互利原则

在综合能源系统中所有的成员无论强弱、实力高低,在合作中的地位以及对利益追求的欲望都是平等的。各成员严格按照平等互利的原则进行合作,付出的努力越多、贡献越大,所获得的利益也就越多。

3. 利益分配结构最优原则

利益分配结构应充分体现各成员实际所承担的风险、对合作投入资源的多少,并使各成员的分配利益达到 Pareto 最优状态。

4. 合作共赢原则

在综合能源系统中,参与合作的所有成员对未来的利益都有一个预期值,若某个成员实际所获得的利益达不到预期值,并且也得不到其他成员的任何补偿,那么该成员就有背离合作组合的可能性,同时这种背离行为也会给其他成员带来负面影响。因此,在综合能源系统中,若某个成员为了疏通合作的某个环节而损失自己的利益,那么合作网中的其他成员就应该对该成员予以补偿,以达到各方合作共赢的目的。

3.4.2 综合能源主体利益分配方法

本节依据利益诉求分析的结果,优化综合能源系统的交易机制、研究利益分配原则与机理,并基于合作博弈理论,结合合适的利益分配模型,对系统各主体利益进行优化分配。

收益如何分配涉及每个主体的切身利益,必须选取合理的方法。主体间的利益分配应满足公平、效益原则,为使主体间的收益均衡,往往采用博弈理论,即使用博弈的手段，使各参与主体都获得一个合理、满意的收益。基于博弈理论的利益分配方案有多种，主要有 Nash 谈判模型、群体重心模型、核心理论和传统 Shapley 值法模型等。

1. Nash 谈判模型

Nash 谈判模型是在各成员企业遵守一定"合理性"假设的前提下，通过相互协商或谈判来解决利益分配问题，如果谈判破裂，则存在一方收益接近于零的情况。Nash 谈判模型的解即为满足这些"合理性"假设的解，即协商或谈判的利益分配方案。

设 n 个成员组成的联盟 $I=\{1,2,\cdots,n\}$，$v(I)$ 表示 n 个成员组成的联盟从事经济活动时所获得的最大利益，u_i 表示第 i 个成员的效用函数。利益分配的冲突点 $d=\{d_1,d_2,\cdots,d_i\}$，冲突点 d 表示联盟中的成员进行合作时所愿接受的利益分配下限。假设每个成员的分配所得用 $x=(x_1,x_2,\cdots,x_i)$ 表示，则 $x=(x_1,x_2,\cdots,x_i)$ 是如下模型的最优解：

$$\max\prod\left[u_i(x_i)-u_i(d_i)\right],i=1,2,\cdots,n$$

$$s.t.\begin{cases} x_i\geqslant d_i,i=1,2,\cdots,n \\ \sum_{i=1}^{n}x_i=v(I),i=1,2,\cdots,n \end{cases} \tag{3-1}$$

其中，$x_i\geqslant d_i$ 表示每个成员最后分配所得利益大于各自单干时所得利益，$\sum_{i=1}^{n}x_i=v(I)$ 表示 n 个成员最后分配所得利益之和等于整个联盟所得的最大利益。

2. 群体重心模型

群体重心模型的基本思想是对每个合作成员先设计一个谈判的起点，然后根据一定的分配原则，在谈判起点和最大可能的分配额度之间协商，得出相对满意的方案。

群体重心模型从表面看是在追求一种调和，而在实际运行中是通过协调和补充的过程来实现其合理性，以此减少因考虑不周而造成的偏差。

3. 核心理论

Gillies 于 1959 年提出核心理论，核心是具有最优性能的向量集合。在核心理论中，n 人在合作对策 $\Gamma=[I,v]$ 上存在核心 C，若分配向量 $x\in C$，则不存在

另一替代向量 y，使 $y>x$。分配向量 $x\in C$ 的充要条件是：对于 $\forall s\subset I$，存在 $\sum_{i\in s}^{n} x_i \geqslant v(s)$ 。

根据成员联盟 s 的效用所加额外量 ε 方式的不同，核心法可分为最小核心法、弱最小核心法和比例最小核心法。

(1)最小核心法的模型表示为：

$$\min\varepsilon$$

$$s.t.\begin{cases} x_i \geqslant v(i), \forall i \in I \\ \sum_{i\in s} x_i \geqslant v(s)+\varepsilon, \forall s \subset I \text{ 且} |s| \neq 1 \\ \sum_{i\in I} x_i = v(I) \end{cases} \tag{3-2}$$

在最小核心法中，所有联盟成员 s 的效用总和都加上一个相同的额外量 ε。

(2)弱最小核心法的模型表示为：

$$\min\varepsilon$$

$$s.t.\begin{cases} x_i \geqslant v(i), \forall i \in I \\ \sum_{i\in s} x_i \geqslant v(s)+\varepsilon \cdot |s|, \forall s \subset I \text{ 且} |s| \neq 1 \\ \sum_{i\in I} x_i = v(I) \end{cases} \tag{3-3}$$

在弱最小核心法中，所有联盟成员 s 的效用总和都加上一个相同的额外量 $\varepsilon \cdot |s|$。

(3)比例最小核心法的模型表示为：

$$\min\varepsilon$$

$$s.t.\begin{cases} x_i \geqslant v(i), \forall i \in I \\ \sum_{i\in s} x_i \geqslant v(s)+t \cdot v(s), \forall s \subset I \text{ 且} |s| \neq 1 \\ \sum_{i\in I} x_i = v(I) \end{cases} \tag{3-4}$$

在比例最小核心法中，$t\in[0,1]$。

4. 传统 Shapley 值法模型

Shapley 值法是用于解决多人合作对策问题的一种数学方法，最早由美国洛杉矶加州大学教授罗伊德·夏普利（Lloyd Shapley）提出。此方法遵循贡献与收益对等的原则，根据参与主体的边际贡献来分配产业链整体利益。

Shapley 值法是一种基于个体对整体贡献度的分配方法。它视各合作方为平等企业，根据每个合作成员对该项目的贡献大小来分配利益，打破了平均分配或以资源投入为依据进行分配的做法，突出反映了各个成员在合作中的重要性，更科学、合理，易于被各方接受，并且可以激励个体成员通过自身的努力，加大对项目的贡献力度，为项目利益分配提供有效的思路，有利于项目高质量运行。将 Shapley 值法用于综合能源项目，合作各方的利益分配是合理可行的。

本书假设综合能源系统的收益分配是发电企业、电网公司、用户进行合作博弈的问题，共有 3 位利益主体，$I=\{1,2,3\}$为利益主体集合，$V(s)$为综合能源系统利益主体集合 I 上的特征函数（综合能源系统运行过程中的利益主体通过协作后获得的最大收益定义为特征函数）。

$V(s)$要满足：(1)$V(\varphi)=0$，即在综合能源系统中利益主体相互不合作时，系统没有收益；(2)$V(s_1\cup s_2)\geqslant V(s_1)+V(s_2)$，对任何 s_1、$s_2\in I$，且 $s_1\cap s_2=\varphi$ 都成立；(3) $V(I)\geqslant\sum_{i=1}^{n}V(\{i\})$。其中，(2)(3)表示利益主体合作获得的收益必定大于单独行动时的收益。因此，合作是综合能源系统运行中利益主体各自实现利益最大化的有效途径。在矿产资源合作开发集合 I 下，由特征函数决定的 $\varphi_i(V)$表示其中一个局中人 i 所得到的收益分配，利益相关者在综合能源系统过程中的分配方案可以表示为：$\varphi_i(V)=(\varphi_1(V),\varphi_2(V),\varphi_3(V))$。当 $\varphi_i(V)$同时满足对称性、可加性和有效性 3 个条件时，综合能源系统运行过程中利益主体的收益分配方案存在唯一的 Shapley 值，见式(3—5)。

$$\varphi_i(V)=\sum_{s\in s_i}\frac{(n-|s|)!\ (|s|-1)!}{n!}\left[V(s)-V\left(\frac{s}{i}\right)\right],i=1,2,\cdots,n \tag{3—5}$$

式中，$\varphi_i(V)$为多人合作博弈集合中成员 i 所分配得到的收益；s_i 为集合 I 中包含 i 的所有子集；n 为博弈集合 I 中的元素个数；$|s|$为子集 s 中元素的个数；$V(s)$为子集获得的收益；$V\left(\frac{s}{i}\right)$为子集 s 去掉成员 i 之后获得的收益；

$\frac{(n-|s|)!\ (|s|-1)!}{n!}$为加权因子，表示子集 s 在联盟中出现的概率；$V(s)-V\left(\frac{s}{i}\right)$为成员 i 对子集 s 的收益所做边际贡献的大小。

5. 修正的 Shapley 值法利益分配模型

虽然 Shapley 值是基于价值创造能力进行的收益分配，避免了合作企业间的绝对平均分配，但具有一定的局限性，一方面，考虑因素不全面，大多只考虑了风险因素，忽略了其他必要因素的影响；另一方面，因素量化方法单一，过于片面，导致综合系数过于主观，默认其他影响收益分配的因素是均等的。一些学者对 Shapley 值法进行了改进：戴建华、薛恒新[123]提出了一种基于风险因子修正 Shapley 值的算法并用于决定动态联盟合作企业间的收益分配；曹庆奎、杜恒等[124]利用信息熵基于资本投入、风险因素和对环境的影响改进 Shapley 值法，实现对再制造闭环供应链系统下各参与方的收益分配；付秋芳、马健瑛等[125]依据风险暴露、技术创新、努力程度和资产投入四个修正因素，构建了主客观相结合的 Shapley-RIEP 供应链收益分配模型。随着应用领域的不断扩大，Shapley 值法开始被用于供应链金融领域。金波[126]运用模糊综合评价法从风险角度改进 Shapley 值法，并将其应用于供应链融资合作企业间的收益分配；徐鲲[127]等运用层次分析法从风险角度改进 Shapley 值法，用于解决供应链融资联盟间的收益分配；张云[128]基于风险系数、资金投入和努力水平三个影响因子，运用模糊综合评价法确定修正因子，构建了一个改进 Shapley 值的供应链融资收益分配模型。

从目前的研究看，学者主要运用影响因素修正的改进 Shapley 值法、基于云重心的修正 Shapley 值法等来改进 Shapley 值法。

方法 1：影响因素修正的改进 Shapley 值法收益分配模型

(1)AHP—熵权法权重计算方法。

第一步：计算指标主观权重。构造判断矩阵，邀请该领域不少于 8 名专家对综合能源服务影响因素分别进行评分，构造出判断矩阵 $A=(a_{jk})_{n\times n}$，如下式所示：

$$A=\begin{bmatrix} a_{11} & a_{12} & \cdots & a_{1n} \\ a_{21} & a_{22} & & a_{2n} \\ \vdots & \vdots & \ddots & \vdots \\ a_{n1} & a_{n2} & \cdots & a_{nn} \end{bmatrix} \tag{3—6}$$

式中，a_{jk} 表示因素 j 比因素 k 的重要性的大小。

利用和法对所得判断矩阵归一化处理，得到对应的特征向量及影响因素主观权重值，按下式：

$$t_{jk}=a_{jk}/\sum_{j=1}^{n}a_{jk} \tag{3—7}$$

$$T_j=\sum_{j=1}^{n}t_{jk} \tag{3—8}$$

$$W_j=T_j/\sum_{j=1}^{n}T_j \tag{3—9}$$

再进行一致性检验。首先通过计算最大特征根 $\lambda_{\max}$，得到一致性指标 CI。RI 数值由表 3—1 可知，计算一致性比例 CR：

$$\lambda_{\max}=\sum_{j=1}^{n}\frac{(AW)_j}{nW_j} \tag{3—10}$$

$$CI=\frac{\lambda_{\max}-n}{n-1} \tag{3—11}$$

$$CR=\frac{CI}{RI} \tag{3—12}$$

式中，n 表示判断矩阵的阶数，RI 表示随机一致性指标。

表 3—1　　随机一致性指标 *RI* 数值表

n	1	2	3	4	5	6	7	8
RI	0	0	0.58	0.90	1.12	1.24	1.32	1.41

判断一致性比例 CR 是否小于 0.1，若是，则判断矩阵符合条件；否则需再次构造新的判断矩阵。

第二步：计算客观权重。建立评价矩阵 $X=(x_{jk})_{n\times m}$ 并归一化处理，根据熵值判断各指标离散程度的原理来评价专家自身主观权重的优劣程度，进一步通过传递熵来得到专家自身的权重，如下式所示：

$$Y_{jk}=\frac{x_{jk}-\min(x_j)}{\max(x_j)-\min(x_j)} \tag{3—13}$$

$$p_{jk}=Y_{jk}/\sum_{k=1}^{n}Y_{jk} \tag{3—14}$$

$$E_k = -\ln(m)^{-1}\sum_{k=1}^{n} p_{jk}\ln p_{jk} \tag{3-15}$$

$$c_k = \frac{1-E_k}{\sum_{j=1}^{m}(1-E_k)}, j=1,2,\cdots,m \tag{3-16}$$

式中，$\max(x_j)$表示按列筛选后所得最大值；$\min(x_j)$表示按列筛选后所得最小值；p_{jk} 表示第 k 个专家对第 j 个指标的主观权重的比重；E_k 表示第 k 个专家的水平熵值。

第三步：组合权重计算。根据 AHP 得出的主观权重和熵权法得出的客观权重，采用线性加权法计算综合权重 W_i，公式如下所示：

$$W_i = \alpha W_j + (1-\alpha)W_{i2} \tag{3-17}$$

式中，W_j 为主观权重；W_{i2} 为客观权重；α 为主客观权重分布值，$\alpha=0.4$。

(2)改进 Shapley 值法模型。

根据综合能源系统自身的特性，综合考虑风险分摊、投入程度、协作优化、环境污染四个影响因素，引入修正因子 $\Delta\lambda_i$，提出并建立基于改进 Shapley 值法的综合能源市场利益分配模型。改进模型为：

$$\varphi'_i(V) = \varphi_i(V) + V(s)\cdot\Delta\lambda_i \tag{3-18}$$

$$\Delta\lambda_i = \lambda_i - \frac{1}{n} \tag{3-19}$$

$$\lambda_i = (r_i\ c_i\ o_i\ e_i)\begin{pmatrix} m_1 \\ m_2 \\ m_3 \end{pmatrix} \tag{3-20}$$

其中，$\varphi'_i(V)$为修正后第 i 个成员在合作博弈$[N,V]$中应该得到的期望利益分配方案；$\Delta\lambda_i = \lambda_i - \frac{1}{n}$表示第 i 个成员的综合评价值与平均水平值的插值，即综合修正因子。

方法 2：基于云重心的修正 Shapley 值法收益分配模型

云重心法是在云理论的基础上发展起来的新的评估方法，体现的是定性和定量的不确定转换，解决了主观性较强、随机模糊方面的问题，能够有效地进行模糊数学挖掘和信息处理。正态云包括期望值 E_x、熵 E_n 和超熵 H_e 三个数字特征，其中，E_x 为正态云的重心位置，E_n 为正态云的期望宽度，H_e 为正态云的离散度和隶属度的随机程度的改变度。云重心可用 $T=LH$ 表达，其中，L 表示云重心位置，即 E_x；H 为云重心的高度，即权重ω。基于云重心的修正 Shapley 值法的收益分配模型具体的计算过程如下所述。

(1)构建各指标的云模型与综合云。请 m 位专家对 IES 主体的风险分摊、投入程度、协作优化、环境污染四个指标进行评定与赋值，对于定量指标，各指标云模型的数字特征值 E_x、E_n，见式(3－21)和式(3－22)。构建一个四维综合云，用综合云的云重心表示系统状态。四维云重心用一个向量表示为式(3－23)：

$$E_x=(E_{x1}+E_{x2}+\cdots+E_{xm})/m \tag{3－21}$$

$$E_n=[\max(E_{x1},E_{x2},\cdots,E_{xm})-\min(E_{x1},E_{x2},\cdots,E_{xm})]/6 \tag{3－22}$$

$$G=(G_1,G_2,G_3,G_4) \tag{3－23}$$

其中，$G_i=L_i\times H_i$，$i=1,2,3,4$；L_i 为第 i 指标的期望值；H_i 为第 i 指标的权重。当模型为理想状态时，云重心表示为：

$$G^0=(G_1^0,G_2^0,G_3^0,G_4^0)=H_i \tag{3－24}$$

(2)确定各指标的权重。采用熵权法确定各指标的权重 ω。先根据专家评定打分表得到原始数据矩阵[见式(3－25)]，将原始数据归一化处理[见式(3－26)]，再按式(3－27)计算第 j 个专家对第 i 个指标的评价值的比重 p_{ij}；按式(3－28)计算第 i 个指标的熵值 e_i，最后按式(3－29)计算第 i 个指标的熵权 ω。

$$R=\begin{pmatrix} r_{11} & \cdots & r_{14} \\ \vdots & \ddots & \vdots \\ r_{m1} & \cdots & r_{m4} \end{pmatrix} \tag{3－25}$$

$$Y_{ij}=\frac{r_{ij}-\min(r_i)}{\max(r_i)-\min(r_i)} \tag{3－26}$$

$$p_{ij}=Y_{ij}/\sum_{j=1}^{m}Y_{ij} \tag{3－27}$$

$$e_i=\frac{-1}{\ln m}\sum_{j=1}^{m}p_{ij}\ln p_{ij} \tag{3－28}$$

$$\omega_i=(1-e_i)/\sum_{i=1}^{m}(1-e_i) \tag{3－29}$$

(3)计算四维综合云的加权偏离度 θ。首先对式(3－23)进行归一化处理，得到式(3－30)，其中，G_i^Y 按式(3－31)计算，最后按式(3－32)计算 θ。

$$G^Y=(G_1^Y,G_2^Y,G_3^Y,G_4^Y) \tag{3－30}$$

$$G_i^Y=\begin{cases}(G_i-G_i^0)/G_i^0, G_i<G_i^0 \\ (G_i-G_i^0)/G_i, G_i\geqslant G_i^0\end{cases}, i=1,2,3,4 \tag{3－31}$$

$$\theta=\sum_{i=1}^{m}\omega_i G_i^Y \tag{3－32}$$

(4)计算各主体收益修正值。对各主体的加权偏离度 θ 归一化处理后，得到各成员的权重 θ^*，进而可得 IES 过程中各主体的修正值 $\Delta\varphi_i(V)$，见式(3－33)和式(3－34)。

$$\Delta\varphi_i(V)=\lambda_i V(n) \tag{3－33}$$

$$\lambda_i=\theta^*-\frac{1}{3} \tag{3－34}$$

式中，λ_i 为各主体的收益修正权重。

(5)计算各主体分配的实际收益，见式(3－35)。

$$\varphi_i(V)^*=\varphi_i(V)+\Delta\varphi_i(V) \tag{3－35}$$

基于云重心法的 Shapley 值收益分配模型，充分考虑了不同分配因素对综合能源系统收益的影响，解决了定性指标向定量指标转换过程中主观性、模糊性和随机性的问题，使得收益分配更加公平、合理，利益主体之间能够更加积极地进行合作。

3.5 算例分析

下面通过实例来分析综合能源市场中主体间的利益分配问题。本书主要采用方法 1 进行具体计算，以四川省某实际园区为例。

假设该综合能源系统主要有发电企业、电网公司和用户这三个利益主体，它们为了获取市场机遇而合作。如果各主体各自选择单干，那么每个主体将获利 6 万元；如果三个主体组建合作联盟 A，那么整个合作组最终可以获利 55 万元；如果发电企业和电网公司结合，那么可以获利 37 万元；如果发电企业和用户结合，那么可以获利 27 万元；如果电网公司和用户结合，那么可以获利 22 万元。

组合 A 最终可以获利 55 万元。若采取“吃大锅饭”的平均分配方法，则每个主体最终可以获利 18.3 万元；而若发电企业和电网公司结合，则可以获利 37 万元，且 37>18.3+18.3，因此采取“吃大锅饭”的平均分配方法会使发电企业和电网公司加入供需合作 A 的积极性受到影响。

现假设三个主体组建的合作联盟 A 表示为 $I=\{1,2,3\}$，三个主体各自单干的收益 $V(1)=V(2)=V(3)=6$，发电企业和电网公司结合的总收益为 $V(1\cup 2)=37$，发电企业和用户结合的总收益为 $V(1\cup 3)=27$，电网公司和用户结合的总收益 $V(2\cup 3)=22$。利用 Shapley 值法中的式(3—5)，可以计算发电企业所分配的利益，如表 3—2 所示。再假设调整后各影响因素对各参与方利益分配的综合影响程度 $\lambda_i=[0.288\quad 0.483\quad 0.229]\ (i=1,2,3)$，代入改进 Shapley 值法模型中。

表 3—2　　发电企业所分配的利益

s(万元)	1	{1,2}	{1,3}	{1,2,3}
$V_{(s_1)}$	6	37	27	55
$V_{(s_1-\{1\})}$	0	6	6	22
$V_{(s_1)}-V_{(s_1-\{1\})}$	6	31	21	33
$\|s\|$	1	2	2	3
$\frac{(n-\|s\|)!\,(\|s\|-1)!}{n!}$	1/3	1/6	1/6	1/3
$\frac{(n-\|s\|)!\,(\|s\|-1)!}{n!}\times V_{(s_1)}-V_{(s_1-\{1\})}$	2	5.17	3.5	11

从表 3—2 可以看出，$\varphi_1(V)=\sum\omega(|s|)[V(s)-V(s/1)]=2+5.17+3.5+11=21.67(21.67>6)$，发电企业所获得的利益远大于单干所获得的利益。同理，利用 Shapley 值法中的式(3—5)，可以计算电网公司最终所分配的利益，如表 3—3 所示。

表 3—3　　电网公司所分配的利益

s(万元)	2	{1,2}	{2,3}	{1,2,3}
$V_{(s_2)}$	6	37	22	55

续表

s(万元)	2	{1,2}	{2,3}	{1,2,3}
$V_{(s_2-\{2\})}$	0	6	6	27
$V_{(s_2)}-V_{(s_2-\{2\})}$	6	31	16	28
$\|s\|$	1	2	2	3
$\frac{(n-\|s\|)!\ (\|s\|-1)!}{n!}$	1/3	1/6	1/6	1/3
$\frac{(n-\|s\|)!\ (\|s\|-1)!}{n!}\times V_{(s_2)}-V_{(s_2-\{2\})}$	2	31/6	8/3	28/3

从表3—3可以看出，$\varphi_2(V)=\sum\omega(|s|)[V(s)-V(s/2)]=2+31/6+8/3+28/3=19.17(19.17>6)$，电网公司所获得的利益远大于单干所获得的利益。同理，利用Shapley值法中的式(3—5)，可以计算出用户最终所分配的利益，如表3—4所示。

表3—4　　用户所分配的利益

s(万元)	1	{1,2}	{1,3}	{1,2,3}
$V_{(s_3)}$	6	37	27	55
$V_{(s_3-\{3\})}$	0	6	6	37
$V_{(s_3)}-V_{(s_3-\{3\})}$	6	21	16	18
$\|s\|$	1	2	2	3
$\frac{(n-\|s\|)!\ (\|s\|-1)!}{n!}$	1/3	1/6	1/6	1/3
$\frac{(n-\|s\|)!\ (\|s\|-1)!}{n!}\times V_{(s_3)}-V_{(s_3-\{3\})}$	2	21/6	8/3	18/3

从表3—4可以看出，$\varphi_3(V)=\sum\omega(|s|)[V(s)-V(s/3)]=2+21/6+8/3+18/3=14.16(14.16>6)$，用户所获得的利益远大于单干所获得的利益。

分析上述数据可以知道，在基于Shapley值法的收益分配策略中：

$$\varphi_1(V)+\varphi_2(V)+\varphi_3(V)=V(I)=55 \tag{3—36}$$

$$\varphi_1(V)+\varphi_2(V)=40.84>V(1\cup 2)=37 \tag{3—37}$$

$$\varphi_2(V)+\varphi_3(V)=35.83>V(2\cup 3)=27 \tag{3—38}$$

$$\varphi_1(V)+\varphi_3(V)=33.33>V(1\cup 3)=22 \tag{3-39}$$

由发电企业、电网公司和用户组成的合作联盟的利益为 55，大于任意一个主体或任意两个主体合作所创造的利益。因此，三个主体在综合能源服务市场中合作的积极性都会很高。

调整后双方效用分配值如下：

$$\varphi_1'(U)=\varphi_1(U)+U(S)\left(\lambda_1-\frac{1}{3}\right)=21.67+55\left(0.288-\frac{1}{3}\right)=19.19$$
$$\varphi_2'(U)=\varphi_2(U)+U(S)\left(\lambda_2-\frac{1}{3}\right)=19.17+55\left(0.483-\frac{1}{3}\right)=27.42$$
$$\varphi_3'(U)=\varphi_3(U)+U(S)\left(\lambda_3-\frac{1}{3}\right)=14.16+55\left(0.229-\frac{1}{3}\right)=8.44$$

(3—40)

根据计算结果可知，三方利益分配比例为 $K_1=0.349$，$K_2=0.498$，$K_3=0.153$。不同策略下三方受益比例如图 3—2 所示，可知改进后的利益分配方法更符合实际受各因素影响时各主体获得利益的情况，其中，电网利益分配比例最大，且明显多于其他两个主体。其他主体应加快自身的综合能源服务建设，提升在利益分配中的地位，更好、更快地实现综合能源服务绿色生态圈。

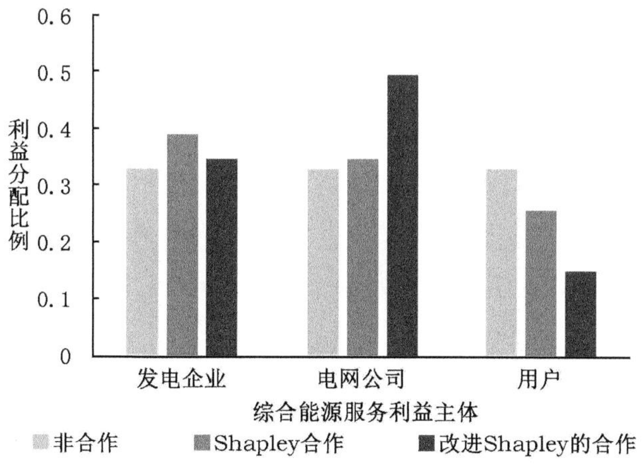

图 3—2　综合能源服务利益主体不同策略下利益比例对比

3.6 结论与启示

本节构建了考虑合作联盟的综合能源市场多主体收益分配模型，可归纳得到如下结论：

(1)通过对各参与主体合作博弈行为的分析，建立了合作博弈模型。计算结果表明，发电企业、电网公司和用户达成合作联盟后，在合作供能模式下能增加整个系统的总体收益，有效应用和提升整个系统的经济效益、环境效益和经济效益。

(2)基于改进的 Shapley 值法的收益均衡分配模型能够解决联盟之间的收益分配问题，保证各方合理的收益，体现不同主体在合作联盟中的价值，有利于加强合作联盟的整体协作，促进综合能源市场稳定、高效的运行。

(3)本书仅针对发电企业、电网公司及用户这 3 个主体进行收益再分配。而随着电力市场的不断完善，更多主体参与到电力系统运营中，日后将逐渐研究政府、社会等主体如何与综合能源市场其他主体达成合作联盟，研究不同主体参与对综合能源市场产生的影响。

3.7 本章小结

综合能源系统已成为未来能源系统的发展方向，目前国内学者对综合能源系统已开展了大量的研究，但是大规模地发展综合能源系统面临如何将收益公正、合理地分配至各参与主体的问题。基于此，在分析综合能源市场内各参与主体利益诉求的基础上，基于合作博弈理论，构建多方主体合作下的利益分配模型，选择风险分摊、投入程度、协作优化、环境污染四个主要影响因素来修正利益分配模型，介绍了 Nash 谈判法、核心理论、Shapley 值法等多种利益分配模型，并进一步针对 Shapley 值法模型进行了两种方法的改进，最终选用影响因素修正 Shapley 值的方法建立了利益分配模型，最后通过算例计算验证了所述方法的有效性和公平性。研究内容为分布式综合能源系统利益分配提供有益的借鉴。

第 4 章　综合能源系统可再生能源消纳策略

4.1　引言

随着用能需求的日益多元化增长，化石能源的日益枯竭及环境污染问题倍受国内外学者的重点关注。[129]综合能源系统概念的提出为解决以上问题提供了新途径。IES 能够耦合电、热等多种不同形式的能源，在一定程度上可以提升能源转化效率，降低系统碳排放，减少了单一供能体系造成的能源浪费及环境污染。[130]在能源及环境问题日益突出的背景下，实现 IES 的低碳优化运行已经成为当下国内外研究的热点。

目前，有关实现 IES 低碳化技术的研究主要考虑电转气及碳捕集设备的利用。[131]文献[132]构建了含电转气装置的综合能源系统，验证了电转气装置在降低系统碳排放方面的有效性；文献[133]考虑在燃煤机组中加装碳捕集设备，减少系统的碳排放。然而，在以热电联产(Combined Heating and Power，CHP)设备为核心的 IES 中，CHP 机组排放的 CO_2 浓度较低，加装碳捕集设备难度大、成本高。[134]电转气设备虽然能够将富余的电能转化为天然气，但是设备投资成本高昂且在能源转化过程中能源利用效率不高。[135-136]地源热泵(Ground Source Heat Pump，GSHP)与光热(Concentrating Solar Power，CSP)电站可以为解决以上问题提供一条可行的思路。

GSHP 作为无碳源，具有运行灵活、输出能效高等众多优点，可通过地热能的利用，提升 IES 整体的能源利用效率。[137]GSHP 与 CHP 机组共同为 IES 提供热负荷，可以在打破 CHP 机组“以热定电”运行限制的同时，有效地降低系统碳排放及运行总成本。[138]文献[139-140]在 IES 的供能结构中引入了 GSHP，以系统的经济性及可靠性为目标对系统中各设备的容量进行规划，验证了 GSHP 在提升能源效率及降低系统运行成本上的有效性。文献[137]分析了不同容量的热泵对综合能源系统利用效率的影响。CSP 电站可以通过光场吸收太阳能的光热功率，并利用发电机将光热功率转化为电能。[135]与光伏发电不同的是，配置大规模储热系统（Thermal Energy Storage，TES）的 CSP 电站，能够实现光能在利用时间上的转移，有利于系统对光热的利用。[141]当前有关 CSP 电站的研究大多集中在利用 CSP 电站的储热灵活性协助消纳风电等清洁能源[142-143]上，而忽视了 CSP 电站与 CHP 机组联合对 IES 的优化效用。通过 TES 储热、放热可以协助 CHP 机组打破“以热定电”运行的限制。

风电等清洁能源能够为 IES 提供丰富的电能，然而其不确定性又严重影响了 IES 的经济调度。[144]当前，IES 中有关风电等清洁能源不确定性的处理，大多采用随机规划[144-145]、鲁棒优化[130]以及模糊理论[7]等方法。但是，以上方法在使用前需要精确地输入不确定参数的概率分布或不确定区间。信息间隙决策理论（Information Gap Decision Theory，IGDT）能够重点关注不确定性对系统所带来的影响，且不需要太多的不确定性信息，目前已在虚拟电厂调度[144]、机组组合[147]、无功优化[148]、配电网优化[149]等领域中得到了很好的应用，能够很好地将风电等清洁能源的不确定性与调度成本相结合。

通过以上分析可知，当前 IES 中有关 GSHP 及 CSP 电站的研究，只考虑了各自对 IES 的优化效用，还没有学者将二者联合对 IES 所产生的影响进行分析，且鲜有文献涉及二者在 IES 的低碳化中所起到的效用。有关 IES 中风电等清洁能源不确定性的研究，也鲜有文献涉及从决策者的角度考虑，定量地将不确定性与调度成本结合起来进行分析，为 IES 调度决策提供参考。

基于此，本章构建了包含 CSP 电站及 GSHP 的 IES 低碳调度优化模型，在 IES 的供能结构中引入了 GSHP 及 CSP 电站，并以 IES 的能源成本、设备运行维护成本、碳交易成本、折算至每天的设备投资成本最小为目标。针对风电等清洁能源的不确定性，采用 IGDT 进行处理，构建了风险规避鲁棒模型。最后，以 9 节点综合能源测试系统为例，通过划分不同场景，验证了本书所提模型在降低系统运行总成本及碳排放上的有效性。

4.2　综合能源系统结构及模型

我国“三北”地区冬季热负荷需求量大，且主要由 CHP 机组进行热负荷供给，从而产生大量的碳排放。CHP 机组运行在“以热定电”模式下会挤占风电的上网空间，导致系统出现严重的弃风、弃光。通过 GSHP 与配置 TES 的 CSP 电站联合，可以打破 CHP 机组“以热定电”运行限制，使得 CHP 机组出力能够更好地适应系统负荷的需求，从而提升风电等清洁能源的上网空间。因此，本书构建了含 GSHP 及 CSP 电站 IES 低碳经济调度模型，用于在提升 IES 中风电的消纳能力的同时，降低 IES 的碳排放。图 4—1 为 IES 的结构及能量流图。IES 中电负荷由风电、光伏、CSP 电站、燃气轮机及与外部电网交互进行供给；热负荷由 CSP 电站、余热回收装置及地源热泵进行热能供给。值得注意的是，GSHP 输出的热能与 CHP 机组、CSP 电站输出的热能不同，属于低品位热能。所谓热能的品位，是指根据热源温度的高低，将热源划分为高品位热能、中品位热能及低品位热能。[150]

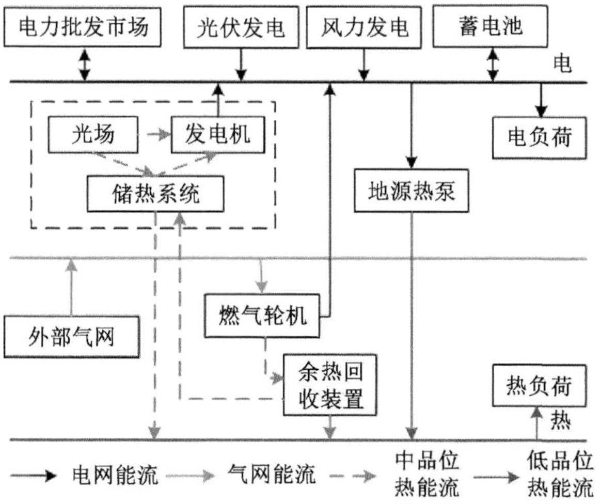

图 4—1　IES 结构及能量流图

4.2.1 GSHP 模型

GSHP 的概念非常广泛，以土壤、地下水和地表水作为能量补给，可以将少量的高品位电能转化为大量的高品位热能和冷能，以补充负荷需要。按照能量源类型，将 GSHP 分为三大类，分别是以土壤为能量补给的地埋管 GSHP 系统、以地表水为能量补给的地表水 GSHP 系统以及以地下水为能量补给的地下水 GSHP 系统。其中，后两种又叫做水源热泵。由于不需要事先设置人工的能量源，在供暖领域，GSHP 能够替换暖气管网和电锅炉、燃气锅炉等传统供能形式；在供冷领域，GSHP 同样能够替换中央空调等供能形式。另外，GSHP 还能够供给生活用热水，起着一举三得的效果，具有可持续发展的前景。GSHP 系统具有以下这些特征：

1. 节能高效

GSHP 可以利用低品位的能量源供给冷热负荷需求，在夏季供冷的时候，通过室内外高温差散热；在冬季供暖的时候，也可以通过室内外高温差供热，并且 GSHP 系统的供能能效比一般接近于 4.0，能量转化效率值非常高，远高于传统的供冷供热设备。同时，土壤、地下水、地表水可以看作另类的太阳能收集器，相关环境因素限制对能量源的影响不大。地表浅层蕴含有取之不尽的低品位能源，可以借助 GSHP 系统进行收集，综合利用。

2. 绿色环保

GSHP 的污染物排污量很低。与传统的电锅炉供暖方式进行比较，GSHP 的污染物排放降低了至少 70%，而与另一种空气源热泵技术进行比较，GSHP 的污染物排污也降低了至少 40%。同时，GSHP 技术可以与另外的节能减排装置相搭配，以进一步减少污染物排放。尤其是在冬季供暖阶段，GSHP 可以取代燃气锅炉供能。如果没有使用锅炉，空气中释放的颗粒物等污染物质则明显减少，有利于环境保护。

GSHP 系统的工作流程可以简单地阐述为夏季制冷阶段，输入电功率，驱动压缩机对 GSHP 机组内部的冷介质做功，使冷介质从气态转化为液态。凭借空气和冷介质的热交换机中冷介质的蒸发室把室内空气中包含的热能转移到冷介质里面。同时，在水和冷介质的热交换器中，冷介质进行冷凝过程，其中的热量转移到水路循环的循环水中，最后这部分热量凭借水路循环进入土壤和地下水等冷源中被吸收。在这个室内热量被吸收到冷源的流程中，主要凭借空气和冷介质热交换机，以 13℃以下的冷风源源不断地向室内供给冷负荷需求；而在冬季制热阶段，同样是输入电功率，驱动压缩机对冷介质做功，这时冷介质流动方向通过四通阀改变。地下水水路循环系统反过来吸收了土壤和地下水等热源中的热量，冷介质在水和冷介质交换机中发生了蒸发过程，此时热量被转移到冷介质中，这部分冷介质又循环在空气和冷介质热交换器中发生了冷凝过程，最后冷介质中的热量被转移到室内空气中吸收。在这个热源中的热量被转化到室内的流程中，GSHP 通过 35℃以上热风源源不断地向室内供给热负荷需求。

相比之前的传统能量转化装置，地源热泵在输入少量高品位电能的前提下，可以输出 3 到 8 倍的高品位热能和冷能，减少了一次能源的使用，进一步提高了能源的使用效率，高效环保，拥有十分广阔的发展前景。由于 CCHP 系统输出的冷热电功率之间具有复杂的耦合特性，因此并不能完全满足现阶段多变的负荷需要。鉴于地源热泵可以灵活控制功率输出，弥补了 CCHP 系统的欠缺，因此可以将地源热泵和 CCHP 系统相结合实现优势互补，有利于提升整个综合能源系统的经济性和灵活性。地源热泵设备的数学模型如下所示：

$$H_{\mathrm{GSHP},t}=\eta_{\mathrm{GSHP}}P_{\mathrm{GSHP},t} \tag{4-1}$$

式中，$P_{\mathrm{GSHP},t}$ 为 t 时刻 GSHP 输入电功率；$H_{\mathrm{GSHP},t}$ 为 t 时刻 GSHP 输出热功率；η_{GSHP} 为 GSHP 能源转化效率。

4.2.2　CSP 电站联合 CHP 机组运行工作原理及模型

光热发电是利用太阳能生热，加热工质并驱动汽轮机的一种发电技术，其能量转换过程为“太阳能→热能→汽轮机动能→电能”。其中“热能→汽轮机动能→电能”这一过程的原理与传统火电机组相似。与传统火力发电技术不同的是，光热发电技术的热能来源于光照辐射的太阳能。光热电站通过反射镜将低密度太阳能辐射聚集到集热器，然后通过加热工质将低密度的太阳能转换为高密度的热能，进而驱动汽轮机高速旋转产生电能。

光热电站通常由光场、储热系统和发电模块三个主要元件组成。各元件之间通过导热流体进行能量传递和交换。根据光场的集热方式的不同，光热电站又分为槽式光热电站、塔式光热电站、碟式光热电站、线性菲涅尔式光热电站和集成式光热电站等。导热流体通常由高温熔盐组成，其温度可达 400℃－

600℃。高温熔盐也是储热系统的主要储热介质，通过太阳辐射的热能加热熔盐至指定温度，可实现储热的目的。在放热时，高温熔盐通过加热水至高温，蒸汽驱动汽轮机高速旋转产生电能。对于光热电站的工作原理已有较多文献进行了研究。本节重点关注光热电站的经济调度等问题，对其发电原理不再详细介绍。本节考虑的 CSP 电站联合 CHP 机组的内部组成及能量流动情况如图 4－2 所示。

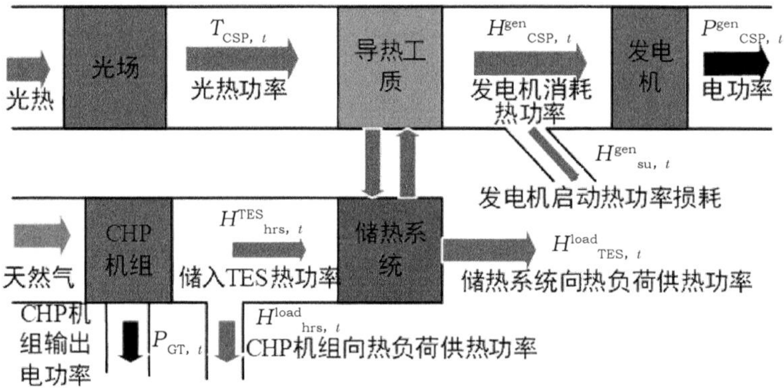

图 4－2　CSP 电站联合 CHP 机组系统能量流图

由光场收集的光热功率经过导热工质一部分流向发电机组进行发电，另一部分则储入 TES 中。与此同时，CHP 机组输出的热功率也可储入 TES 中。当 IES 热负荷供应不足时，可通过 TES 放热进行热负荷供给；当 IES 热负荷充足时，也可将 CHP 机组输出的过多的热功率储入 TES 中。通过 TES 的灵活性，进一步打破 CHP 机组的运行约束，提升 CHP 机组的运行灵活性。建立 CSP 电站与 CHP 机组联合系统的数学模型主要包括发电机模型、TES 模型及 CHP 机组能源转化模型。

1. 发电机模型

$$P^{gen}_{csp,t}=\eta_{gen}(H^{gen}_{csp,t}+H^{gen}_{TES,t}) \tag{4-2}$$

式中，η_{gen} 为发电机的能源转化效率；$H^{gen}_{csp,t}$ 为 t 时刻光场向发电机的供热功率；$H^{gen}_{TES,t}$ 为 t 时刻 TES 向发电机的供热功率。

2. TES 模型

$$H_t=(1-\rho)H_{t-1}+\eta^{TES}_{cha}H_{cha,t}-H_{dis,t}/\eta^{TES}_{dis} \tag{4-3}$$

式中，H_t 为 t 时刻 TES 中的储热总量；ρ 为储热系统的热能耗散系数；η_{cha}^{TES}、η_{dis}^{TES} 分别为 TES 的储热、放热效率；$H_{cha,t}$、$H_{dis,t}$ 分别为 t 时刻 TES 的储热、放热功率。

3. CHP 机组模型

CHP 机组包括燃气轮机和余热回收装置，可建立数学模型如下：

$$P_{GT,t}=\eta_{GT}^{E}G_{GT,t}L_{NG} \tag{4—4}$$

$$H_{GT,t}=(1-\eta_{GT}^{E}-\eta_{GT}^{loss})G_{GT,t}L_{NG} \tag{4—5}$$

$$H_{hrs,t}=\eta_{hrs}H_{GT,t} \tag{4—6}$$

$$H_{hrs,t}^{CSP}+H_{hrs,t}^{load}=H_{hrs,t} \tag{4—7}$$

式中，$P_{GT,t}$ 为 t 时刻燃气轮机输出的电功率；$H_{GT,t}$ 为 t 时刻燃气轮机输出的余热功率；η_{GT}^{E} 为燃气轮机的电能转换效率；η_{GT}^{loss} 为燃气轮机的热损耗率；$G_{GT,t}$ 表示 t 时刻燃气轮机消耗的天然气流量；L_{NG} 表示天然气的低热值，本书取 9.7kWh/m^3；$H_{hrs,t}$ 为余热回收装置输出热功率；η_{hrs} 为余热回收装置效率；$H_{hrs,t}^{load}$ 为余热回收装置向热负荷供热功率。

4.2.3　蓄电池模型

能源的生产和消费环节大部分情况下在时间上并不能完全匹配。为了园区系统对于供能可靠性的要求，并且安全用能，综合能源系统对于储能设备提出了较高的要求。储能是综合能源系统的关键组成部分，可以辅助提高综合能源系统的能源利用效率。本书中储能装置的主要作用是实现冷热电负荷供给的削峰填谷，以最经济的方式平衡电冷热供需缺口，降低系统的经济运行总成本，提高综合能源系统的能源利用效率。

$$E_t=(1-\sigma)E_{t-1}+\eta_{cha}^{EES}P_{cha,t}-P_{dis,t}/\eta_{dis}^{EES} \tag{4—8}$$

式中，E_t 为 t 时刻蓄电池中的储电总量；σ 为蓄电池的电能损耗系数；η_{cha}^{EES}、η_{dis}^{EES} 分别为蓄电池的储电、放电效率；$P_{cha,t}$、$P_{dis,t}$ 分别为 t 时刻蓄电池的储电、放电功率。

4.2.4　碳交易模型

监管部门通过建立合法的碳交易机制，允许碳排放配额相互买卖，有助于协调各碳源的出力计划。[23-24] 当系统实际的碳排放强度低于碳排放配额时，可以将剩余的碳排放配额当作商品进行售出，并从中获取一定的利润；反之，则需要购买相应的碳排放配额。本书所构建的碳交易模型包括碳排放配额、实际碳排放量以及碳交易成本三个部分。

1. 碳排放配额

目前，电力行业的初始碳排放额度的分配方法主要以免费碳排放配额为主，且与系统的实际发电量关联。本书所提模型中，IES 从上级电网所购电能视为由燃煤机组发电，其碳排放配额及实际碳排放按燃煤机组进行计算。因此，IES 中的碳源为电力批发市场购电以及燃气轮机。采用基准线法可得 IES 的免费碳排放配额计算公式为：

$$E_{\mathrm{S},t}=\delta(P_{\mathrm{ex},t}+P_{\mathrm{GT},t})\Delta t \tag{4-9}$$

式中，δ 为单位供电功率碳排放配额；$P_{\mathrm{ex},t}$ 为 t 时刻 IES 向电力市场购电功率。

2. 实际碳排放量

$$E_{\mathrm{a},t}=E_{\mathrm{a},t}^{\mathrm{ex}}+E_{\mathrm{a},t}^{\mathrm{GT}} \tag{4-10}$$

$$E_{\mathrm{a},t}^{\mathrm{ex}}=a_1+b_1P_{ex,t}+c_1(P_{ex,t})^2 \tag{4-11}$$

$$E_{\mathrm{a},t}^{\mathrm{GT}}=a_2+b_2(P_{\mathrm{GT},t}+H_{\mathrm{GT},t})+c_2(P_{\mathrm{GT},t}+H_{\mathrm{GT},t})^2 \tag{4-12}$$

式中，$E_{\mathrm{a},t}$ 为 t 时刻 IES 碳排放总量；$E_{\mathrm{a},t}^{\mathrm{ex}}$ 为 t 时刻 IES 向电力市场购电等有效碳排放量；$E_{\mathrm{a},t}^{\mathrm{GT}}$ 为 t 时刻燃气轮机实际碳排放量；a_1、b_1、c_1 及 a_2、b_2、c_2 分别为燃煤机组和燃气轮机实际碳排放常数项、一次项系数及二次项系数。

3. 碳交易成本

为进一步发挥碳交易机制的作用，本书构建了含有碳排放超额惩罚机制的碳交易模型，分为三个阶段：第一阶段，当 IES 实际碳排放低于碳排放配额时，可售出剩余的碳排放权，并从中获取利润；第二阶段，当 IES 实际碳排放大于碳排放配额且超额部分小于可购买的碳排放配额额度时，可从碳市场购买缺少的碳排放配额；第三阶段，当碳排放超额部分大于可购买的碳排放配额额度时，还需要额外支付罚金。具体模型可建立如下：

$$E_{H,t}=\sigma E_{s,t} \tag{4-13}$$

$$F_C=\sum_{t=1}^{T}f_{C,t} \tag{4-14}$$

$$f_{\mathrm{C},t}=\begin{cases}\lambda_{\mathrm{C}}(E_{\mathrm{a},t}-E_{\mathrm{s},t}),\ E_{\mathrm{a},t}\leqslant E_{\mathrm{s},t}\\ \lambda_{\mathrm{C}}(E_{\mathrm{a},t}-E_{\mathrm{s},t}),\ E_{\mathrm{s},t}\leqslant E_{\mathrm{a},t}\leqslant E_{\mathrm{H},t}+E_{\mathrm{s},t}\\ \lambda_{\mathrm{C}}E_{\mathrm{H},t}+\lambda_{\mathrm{C,H}}(E_{\mathrm{a},t}-E_{\mathrm{s},t}-E_{\mathrm{H},t}),E_{\mathrm{a},t}\geqslant E_{\mathrm{H},t}+E_{\mathrm{s},t}\end{cases}\tag{4-15}$$

式中，T 为调度周期；F_C 为调度周期内碳交易总成本；$f_{C,t}$ 为 t 时刻碳交易成本；λ_C 为碳交易价格；$E_{H,t}$ 为 t 时刻 IES 购买的碳排放配额；σ 为可购买的碳排放配额额度；$\lambda_{C,H}$ 为碳排放超额罚金系数。

4.3　含 CSP 电站及 GSHP 的 IES 低碳调度优化模型

4.3.1　目标函数

本书所提模型以一天 24 小时为调度周期，综合考虑了能源成本、设备运行维护成本、碳交易成本、折算至每天的设备投资成本，可构建 IES 的目标函数如下：

$$\min F=F_{ec}+F_{om}+F_{c}+F_{\mathrm{inv}}\tag{4-16}$$

1. 能源成本

IES 能源成本包括购电成本、售电收益及购气成本。IES 通过联络线与上级电网交互，可通过电网联络线售出多余的电能获利，也可通过电网联络线购买电能。若 $P_{ex,t}$ 大于 0，则表示向电力批发市场购电；若 $P_{ex,t}$ 小于 0，则表示向电力批发市场售电。具体模型如下：

$$F_{ec}=\sum_{t=1}^{\mathrm{T}}(f_{ex,t}+\lambda_{g}G_{t})\tag{4-17}$$

$$f_{ex,t}=\begin{cases}\lambda_{ex,t}P_{ex,t},P_{ex,t}>0\\ \lambda_{es,t}P_{es,t},P_{ex,t}<0\end{cases}\tag{4-18}$$

式中，$f_{ex,t}$ 为 t 时刻购电成本；$\lambda_{ex,t}$ 为电力批发市场购电分时电价；$\lambda_{es,t}$ 为电力批发市场售电分时电价；λ_g 为天然气价格；G_t 为天然气购气量。

2. 设备运行维护成本

$$F_{\mathrm{om}}=\sum_{t=1}^{\mathrm{T}}\sum_{i}C_{i}^{\mathrm{om}}P_{i,t}\tag{4-19}$$

式中，下标 $i=\{\mathrm{TV、GEN、PW、PV、GT、GSHP、TES、ESS}\}$，对应设备为

{光场、发电机组、风电机组、光伏、燃气轮机、地源热泵、储热系统、蓄电池}；C_i^{om}表示设备i的运行维护成本系数；$P_{i,t}$表示t时刻设备i的输出功率。

3. 折算至每天的设备投资成本

$$F_{\mathrm{inv}}=\sum_i \frac{C_i^{\mathrm{inv}}C_i^{\mathrm{cap}}}{365}\cdot\frac{r(1+r)^{N_i}}{(1+r)^{N_i}-1} \tag{4-20}$$

式中，C_i^{inv}、C_i^{cap}、N_i分别为设备i的单位容量投资成本、待配置容量以及使用年限；r为折现率。

4.3.2 约束条件

1. 系统平衡约束

IES 的热功率平衡约束：

$$H_{\mathrm{TES},t}^{\mathrm{load}}+H_{\mathrm{GT},t}^{\mathrm{load}}+H_{\mathrm{GSHP},t}=H_t^{\mathrm{load}} \tag{4-21}$$

IES 的电功率平衡约束：

$$P_{\mathrm{PW},t}+P_{\mathrm{PV},t}+P_{\mathrm{ex},t}+P_{\mathrm{CSP},t}+P_{\mathrm{GT},t}+P_{\mathrm{dis},t}=P_t^{\mathrm{load}}+P_{\mathrm{GSHP},t}+P_{\mathrm{cha},t} \tag{4-22}$$

式中，$P_{\mathrm{PW},t}$、$P_{\mathrm{PV},t}$分别表示t时刻风电、光伏出力的实际值；H_t^{load}为t时刻热负荷；P_t^{load}为t时刻电负荷。

2. 联络线功率约束

$$0\leqslant|p_{ex,t}|\leqslant p_{ex}^{\max} \tag{4-23}$$

式中，$p_{ex}^{\max}$为 IES 与电网交互的联络线传输功率上限。

3. 支路潮流约束

$$|P_{ij,t}|=\frac{\theta_{ij,t}}{x_{ij,t}}\leqslant P_{ij}^{\max} \tag{4-24}$$

式中，$P_{ij,t}$、$x_{ij,t}$、$\theta_{ij,t}$、$P_{ij}^{\max}$分别为支路节点i与j之间的功率、电抗值、相角差及潮流上限值。

4. CSP 电站运行约束

CSP 电站中需要考虑发电机组运行约束、TES 运行约束以及以导热工质为中心的热功率平衡约束，详细模型如下：

（1）发电机组运行约束：

机组输出功率约束：

$$d_{gen,t}P_{gen}^{min} \leqslant p_{CSP,t} \leqslant d_{gen,t}P_{gen}^{max} \tag{4-25}$$

机组爬坡、滑坡约束：

$$-R_{DN} \leqslant P_{CSP,t} - P_{CSP,t-1} \leqslant R_{UP} \tag{4-26}$$

机组开启约束：

$$\sum_{m=0}^{T_{on}^{min}-1} d_{gen,t+m} \geqslant T_{on}^{min}(d_{gen,t} - d_{gen,t-1}) \tag{4-27}$$

机组停机约束：

$$\sum_{m=0}^{T_{off}^{min}-1} (1 - d_{gen,t-1}) \geqslant T_{off}^{min}(d_{gen,t-1} - d_{gen,t}) \tag{4-28}$$

式中，P_{gen}^{max}、P_{gen}^{min} 分别为发电机组运行的最大功率与最小功率；T_{on}^{min}、T_{off}^{min} 为机组的最小连续开机、停机时间；$d_{gen,t}$ 是 0－1 变量，表示机组在 t 时刻的工作状态，为 1，表示运行状态，为 0，表示停机状态；R_{UP} 为机组的爬坡速率；R_{DN} 为机组的滑坡速率。

（2）TES 运行约束：

$$H_{cha,t} = H_{CSP,t}^{TES} + H_{hrs,t}^{TES} \tag{4-29}$$

$$H_{dis,t} = H_{TES,t}^{gen} + H_{TES,t}^{load} \tag{4-30}$$

$$\begin{cases} 0 \leqslant H_{cha,t} \leqslant d_{cha,t}^{H} H_{cha}^{max} \\ 0 \leqslant H_{dis,t} \leqslant (1 - d_{cha,t}^{H}) H_{dis}^{max} \\ H^{min} \leqslant H_t \leqslant H^{max} \end{cases} \tag{4-31}$$

式中，H_{cha}^{max} 为 TES 储热功率上限；H_{dis}^{max} 为 TES 放热功率上限；$H_{hrs,t}^{TES}$ 为余热回收装置储入 TES 的热功率；$H_{CSP,t}^{TES}$ 为储入 TES 中的光热功率；$H_{TES,t}^{load}$ 为 TES 向热负荷供热功率；$d_{cha,t}^{H}$ 为 0－1 变量，用于指示 TES 的当前状态，为 1，表示 TES 处于储热状态；H^{max}、H^{min} 分别为 TES 储热容量的上、下限。

（3）热功率平衡约束：

$$\begin{cases} H_{csp,t}^{gen} + H_{su,t}^{gen} + H_{CSP,t}^{TES} \leqslant C_{TV}^{cap} T_{TV,t}^{pre} \\ H_{su,t}^{gen} = (d_{gen,t} - d_{gen,t-1}) H_{su}, H_{su,t}^{gen} \geqslant 0 \end{cases} \tag{4-32}$$

式中，$H_{su,t}^{gen}$ 为 t 时刻机组启动消耗热功率；H_{su} 为机组启动消耗热功率；$T_{TV,t}^{pre}$ 为 t 时刻归一化后的光热功率预测值。

5. 风电和光伏出力约束

$$0 \leqslant P_{PW,t} \leqslant C_{PW}^{cap} P_{PW,t}^{pre} \tag{4-33}$$

$$0 \leqslant P_{PV,t} \leqslant C_{PV}^{cap} P_{PV,t}^{pre} \tag{4-34}$$

式中，$P_{PW,t}^{pre}$、$P_{PV,t}^{pre}$ 分别表示 t 时刻风电、光伏出力归一化后的功率预测值。

6. 燃气轮机运行约束

燃气轮机爬坡约束：

$$-R_{GT} \leqslant P_{GT,t} - P_{GT,t-1} \leqslant R_{GT} \tag{4-35}$$

燃气轮机备用约束：

$$S_{GT,t} \geqslant P_t^{rr}, 0 \leqslant S_{GT,t} \leqslant R_{GT} T_{rr} \tag{4-36}$$

燃气轮机出力上下限约束：

$$P_{GT,t} + S_{GT,t} \leqslant P_{GT}^{max}, P_{GT,t} - S_{GT,t} \geqslant P_{GT}^{min} \tag{4-37}$$

式中，R_{GT} 为燃气轮机爬坡功率；$S_{GT,t}$ 为燃气轮机旋转备用容量；P_t^{rr} 为 t 时刻旋转备用总需求；T_{rr} 为旋转备用响应时间；P_{GT}^{max}、P_{GT}^{min} 分别为燃气轮机出力上、下限。

7. GSHP 运行约束

$$0 \leqslant H_{GSHP,t} \leqslant H_{GSHP}^{max} \tag{4-38}$$

式中，H_{GSHP}^{max} 为 GSHP 输出热功率上限。

8. 蓄电池运行约束

$$\begin{cases} 0 \leqslant P_{cha,t} \leqslant d_{cha,t}^{E} P_{cha}^{max} \\ 0 \leqslant P_{dis,t} \leqslant (1 - d_{cha,t}^{E}) P_{dis}^{max} \\ E^{min} \leqslant E_t \leqslant E^{max} \end{cases} \tag{4-39}$$

式中，$d_{cha,t}^{E}$ 为 0－1 变量，用于指示蓄电池当前的工作状态，为 1，表示蓄电池处于储电状态；E^{max}、E^{min} 分别为蓄电池储电容量的上、下限。

4.4 计及 IGDT 的 IES 经济调度模型

当不确定参数具有严重的不确定性，即不确定参数的概率分布、不确定区间等较难准确获取时，传统的鲁棒优化或模糊规划较难准确地描述其不确定性，采用 IGDT 方法可有效地进行处理。IGDT 方法的目标是在满足预设目标的前提下，量化系统中不确定参数的预测值与实际值之间的误差，其好处详见参考文献[20]，在此不再赘述。本书利用 IGDT 模型处理风电、光伏及光热的不确定性时主要包含三个步骤：建立调度优化模型、建立不确定集模型、建立鲁棒模型。

4.4.1　调度优化模型

首先，将本书所构建的考虑 CSP 电站及 GSHP 的 IES 低碳调度优化模型改写成向量形式如下：

$$\begin{cases}\min F(x\ ,y)\\ s.t. H(x\ ,y)=0\\ \qquad G(x\ ,y)\leqslant 0\end{cases} \tag{4-40}$$

式中，x 为决策变量；y 为不确定参数；$F(x,y)$为调度优化模型的目标函数；$F(x,y)$、$G(x,y)$分别为调度优化模型的等式和不等式约束。

4.4.2　不确定集模型

利用 IGDT 方法处理不确定参数的不确定性时，需要将不确定性表示为预测变量的函数。本书采用包络边界不确定性模型进行建模：

$$\begin{cases}Y\in U(\xi,\widetilde{Y})\\ U(\xi,\widetilde{Y})=\{Y:|(Y-\widetilde{Y})/\widetilde{Y}|\leqslant\xi\}\end{cases} \tag{4-41}$$

式中，$\widetilde{Y}$ 为不确定参数的预测值；ξ 为不确定参数的波动幅度；$U(\xi,\widetilde{Y})$表示不确定参数的波动范围，在$\pm\xi\widetilde{Y}$ 之间。

本书所提模型选取风电、光伏及光热出力作为不确定参数，根据上式包络边界不确定模型可确定其波动范围为：

$$U(\xi^{PW},C_{PW}^{cap}P_{PW,t}^{pre})=\left\{P_{PW,t}:\left|\frac{P_{PW,t}-C_{PW}^{cap}P_{PW,t}^{pre}}{C_{PW}^{cap}P_{PW,t}^{pre}}\right|\leqslant\xi^{PW}\right\} \tag{4-42}$$

$$U(\xi^{PV},C_{PV}^{cap}P_{PV,t}^{pre})=\left\{P_{PV,t}:\left|\frac{P_{PV,t}-C_{PV}^{cap}P_{PV,t}^{pre}}{C_{PV}^{cap}P_{PV,t}^{pre}}\right|\leqslant\xi^{PV}\right\} \tag{4-43}$$

$$U(\xi^{TV},C_{TV}^{cap}T_{TV,t}^{pre})=\left\{T_{TV,t}:\left|\frac{T_{TV,t}-C_{TV}^{cap}T_{TV,t}^{pre}}{C_{TV}^{cap}T_{TV,t}^{pre}}\right|\leqslant\xi^{TV}\right\} \tag{4-44}$$

式中，ξ^{PW}、ξ^{PV}、ξ^{TV} 分别为不确定参数风电、光伏及光热出力的波动幅度。

4.4.3 鲁棒模型

IGDT 方法提供的风险规避鲁棒模型(Risk Aversion Robustness Model，RARM)可以满足保守型决策者的需求。保守型决策者认为不确定参数会导致目标问题朝着不利的方向发展，他们更倾向于接受较高的运行成本。

值得注意的是，传统的 IGDT 方法仅适用于单因素不确定参数的波动。本书所提模型中，同时考虑了风电、光伏及光热出力三者的不确定性，因此，需要对传统的 IGDT 方法进行改进。通过加权和的方法将三者的不确定性统一，赋予三者的不确定参数的波动幅度不同的权重，引导出等效不确定参数的波动幅度，可建立具体模型如下：

$$\xi^{PW}=3\tau^{PW}\alpha,\ \xi^{PV}=3\tau^{PV}\alpha,\ \xi^{TV}=3\tau^{TV}\alpha \tag{4-45}$$

$$\tau^{PW}+\tau^{PV}+\tau^{TV}=1 \tag{4-46}$$

式中，τ^{PW}、τ^{PV}、τ^{TV} 分别为不确定参数风电、光伏及光热出力的波动幅度的权重；α 为等效不确定参数的波动幅度。

RARM 从风险规避的角度出发，旨在保证 IES 运行成本不超过预期调度目标时，最大化等效不确定参数的波动幅度 α。计算所得的 α 值越大，代表系统的鲁棒性越好，但相应的 IES 所需要承受的运行成本也就越大。RARM 可表示如下：

$$\begin{cases}\max\alpha\\ s.t.\ \ \max F\leqslant(1+\mu_c)F_0\\ \qquad\forall P_{PW,t}\in U(\xi^{PW},C_{PW}^{cap}P_{PW,t}^{pre})\\ \qquad\forall P_{PV,t}\in U(\xi^{PV},C_{PV}^{cap}P_{PV,t}^{pre})\\ \qquad\forall T_{TV,t}\in U(\xi^{TV},C_{TV}^{cap}T_{TV,t}^{pre})\\ \qquad\text{式}(4-20)-\text{式}(4-38)\end{cases} \tag{4-47}$$

式中，F_0 为基准值，是式(4－45)中的不确定参数取预测值时的最优调度成本；μ_c 为风险规避系数；$(1+\mu_c)F_0$ 表示 RARM 中的预期调度目标成本。

不难看出，式(4－46)为双层模型，表示求取最大的等效不确定参数的波动幅度 α，当不确定参数 $P_{PW,t}$、$P_{PV,t}$、$T_{TV,t}$ 在不确定范围 $U(\xi^{PW}, C_{PW}^{cap}P_{PW,t}^{pre})$、$U(\xi^{PV}, C_{PV}^{cap}P_{PV,t}^{pre})$、$U(\xi^{TV}, C_{TV}^{cap}P_{TV,t}^{pre})$内任意波动时，能够保证 IES 最大的运行成本不超过预期调度目标成本$(1+\mu_c)F_0$。当风电、光伏及光热出力低于预测值时，需要增加上级电网购电量及燃气轮机出力来弥补这部分能源缺额。因此，当 $P_{PW,t}$ 取$(1-\xi^{PW})C_{PW}^{cap}P_{PW,t}^{pre}$、$P_{PV,t}$ 取$(1-\xi^{PV})C_{PV}^{cap}P_{PV,t}^{pre}$ 且 $T_{TV,t}$ 取$(1-\xi^{TV})C_{TV}^{cap}P_{TV,t}^{pre}$ 时，代入式(4－46)中，对应的 IES 运行成本最高。

因此，可将双层模型转化为单层模型如下：

$$\begin{cases}\max \alpha \\ \text{s. t. } F \leqslant (1+\mu_c)F_0 \\ \qquad P_{PW,t} = (1-\xi^{PW})C_{PW}^{cap}P_{PW,t}^{pre} \\ \qquad P_{PV,t} = (1-\xi^{PV})C_{PV}^{cap}P_{PV,t}^{pre} \\ \qquad T_{TV,t} = (1-\xi^{TV})C_{TV}^{cap}T_{TV,t}^{pre} \\ \qquad \text{式(4－20)－式(4－38)}\end{cases} \tag{4－48}$$

4.4.4　求解方法

本书所提模型中的非线性项来源于碳交易模型，采用分段线性化的方法将其转化为线性模型。[22]计及 IGDT 的含 CSP 电站及 GSHP 的 IES 经济调度流程分两阶段进行，如图 4－3 所示。阶段一为确定型调度优化。该阶段认为不确定参数的预测值是准确的，并求得最优运行成本以及相应的配置容量。阶段二为计及 IGDT 的经济调度模型。该阶段将进一步利用 IGDT 处理不确定参数。根据调度计划者制定的预期调度目标，采用风险规避鲁棒模型，计算在预期成本下对应等效不确定参数的波动幅度，定量地将不确定参数的不确定性与调度成本结合起来。

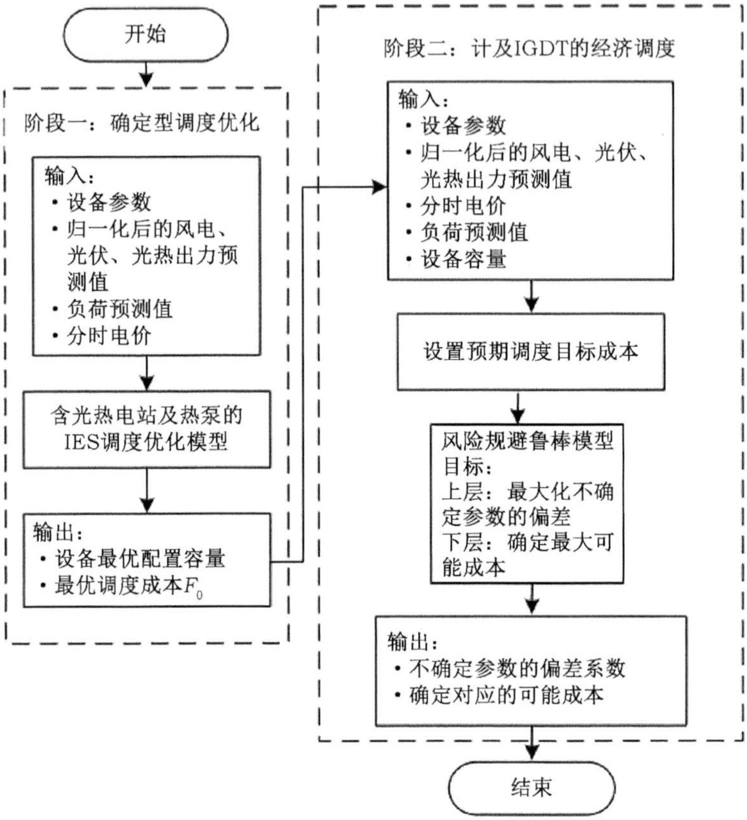

图 4—3　IES 调度优化流程图

4.5　算例分析

4.5.1　算例参数

本书采用 9 节点综合能源测试系统进行仿真计算[134]，相关数据见参考文献。[152—153]风电场、光伏电站以及储能电站接入节点 1，CSP 电站接入节点 4，GSHP 接入节点 2，CHP 机组接入节点 5。电负荷、热负荷均匀分布于节点 3、7、9。

系统选取典型冬季日数据进行验证分析，电、热负荷预测值见图 4—4；归一化后的风电、光伏及光热出力预测值见图 4—5；光热电站参数、分时电价、能源转化设备参数、机组碳排放量计算系数及能源存储设备参数见参考文献[137,151]。其他参数如下：联络线传输功率上限为 60kW，天然气购气价格为 2.54 元/m^3，余热回收装置效率为 0.75，碳交易价格为 0.21 元/kg，单位供电功率碳排放配额为 0.648kg/kW。

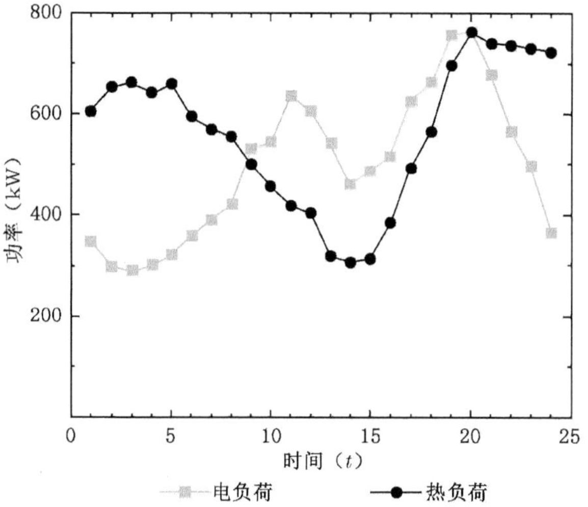

图 4—4　负荷预测值

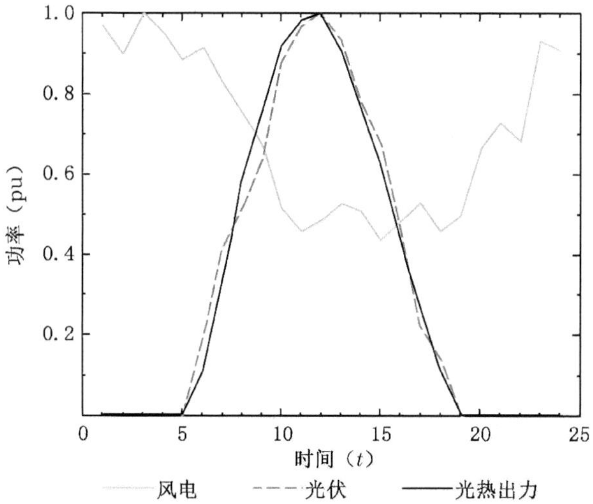

图 4—5　归一化后的风电、光伏、光热出力预测值

4.5.2 含 CSP 电站及 GSHP 的 IES 调度结果分析

本节主要讨论含 CSP 电站及 GSHP 的 IES 调度优化情况，并分析二者在降低系统运行成本及减少碳排放方面的有效性。本节认为风电、光伏及光热出力得到了完美的预测。为了验证 CSP 电站及 GSHP 在 IES 中所起的作用，本节设置了四种场景进行对比分析：(1)场景 1：基础场景，不考虑 CSP 电站及 GSHP 参与；(2)场景 2：含 CSP 电站但不考虑 GSHP 参与；(3)场景 3：有 GSHP 但不考虑 CSP 电站参与；(4)场景 4：同时考虑 GSHP 与 CSP 电站，联合对 IES 运行的优化效用(本书所采用的模型)。

以上四种场景所对应的系统运行总成本、电网交互成本、天然气成本、碳交易成本、设备运行维护成本以及折算至每天的设备投资成本如表 4—1 所示。从表 4—1 中可以看出，本节所提综合能源系统中随着 GSHP 与 CSP 电站的引入，虽然折算至每天的设备投资成本不断增加，但是系统运行总成本在不断降低。其中，场景 4 中系统运行总成本最低为 6 987.4 元，相较于场景 1、场景 2、场景 3 的运行成本分别降低了 50.6%、40.7%、5.0%。从表 4—1 可以看出所降低的费用主要来源于碳交易成本及天然气的购气成本。下面将通过 4.2.1 小节对不同场景下的各设备出力情况进行分析。

表 4—1　　四种场景下 IES 运行成本分析　　单位：元

场景	系统运行总成本	电网交互成本	天然气成本	碳交易成本	设备运行维护成本	折算至每天的设备投资成本
1	14 156.7	−1 081.8	8 560.9	4 103.3	1 000.2	1 574.1
2	11 796.6	−1 063.3	6 927.1	2 506.9	1 100.5	2 325.4
3	7 354.3	−207.7	3 577.3	574.6	926.4	2 483.7
4	6 987.4	−105.2	2 652.8	233.0	1 094.6	3 112.2

1. 冬季典型日调度结果分析

(1)场景 1 调度结果

场景 1 为基础场景。该场景下系统中的电负荷主要由燃气轮机、风电、光伏以及与上级电网交互进行供给，热负荷由燃气轮机输出热功率进行供给。由于中国“三北”地区冬季热负荷需求量大，为满足用户的热负荷需求，燃气轮机通常运行在“以热定电”的模式下，导致富余电能过多。从表 4—1 中场景 1 的系统运行总成本可以看出，该场景下 IES 需要消耗大量的天然气，用于满足热负荷需求。富余的电能通过与上级电网交互售出，获取利润，但是受线路传输容量以及设备容量的限制，仍然出现了大量的弃风、弃光现象。

(2)场景 2 调度结果

在场景 1 的基础上引入 CSP 电站后，系统的热负荷由 TES 及 CHP 机组热出力共同满足，调度结果分别如图 4－6、图 4－7 所示。从图中可以看出，在 16:00－24:00，用热负荷需求较高，TES 输出热功率，承担一部分系统的热负荷需求，可打破 CHP 机组"以热定电"运行约束，避免了过多电能的浪费。

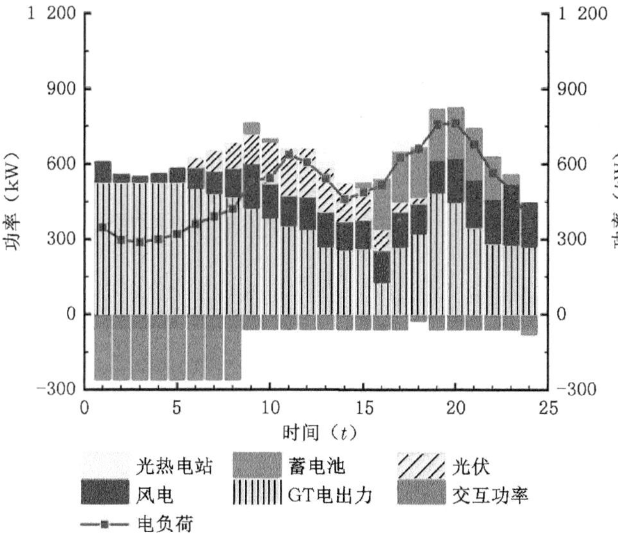

图 4－6　场景 2 中各设备电功率出力情况

此时，系统的总运行成本为 11 796.6 元。与场景 1 相比，在 CSP 电站的参与下，虽然系统中设备投资的总成本增加了 47%，但是系统的天然气使用成本降低了 19.1%、碳交易成本降低了 39%、系统的总运行成本降低了 2.04%。

(3)场景 3 调度结果

场景 3 中各设备电功率、热功率出力情况分别如图 4－8 和图 4－9 所示。从图中可以看出，GSHP 接入 IES 后，系统的热负荷由 GSHP 与燃气轮机出力共同满足，从而帮助燃气轮机打破了"以热定电"的限制，使得燃气轮机可以在一定程度上根据系统负荷的需求自主进行调节。

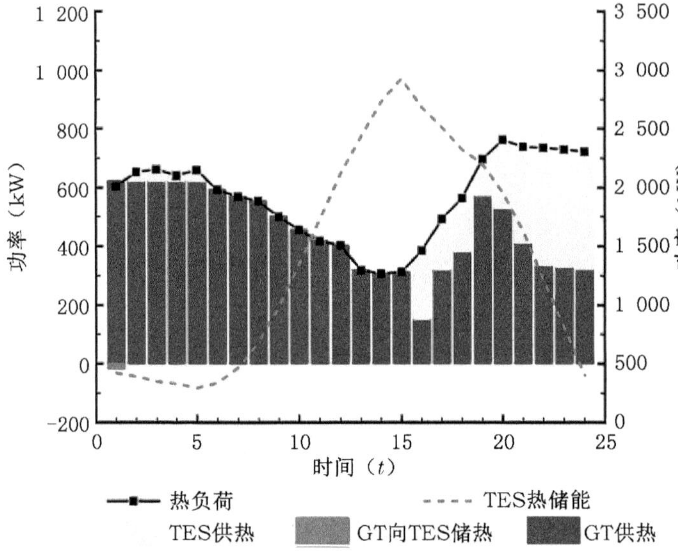

图 4—7　场景 2 中各设备热功率出力情况

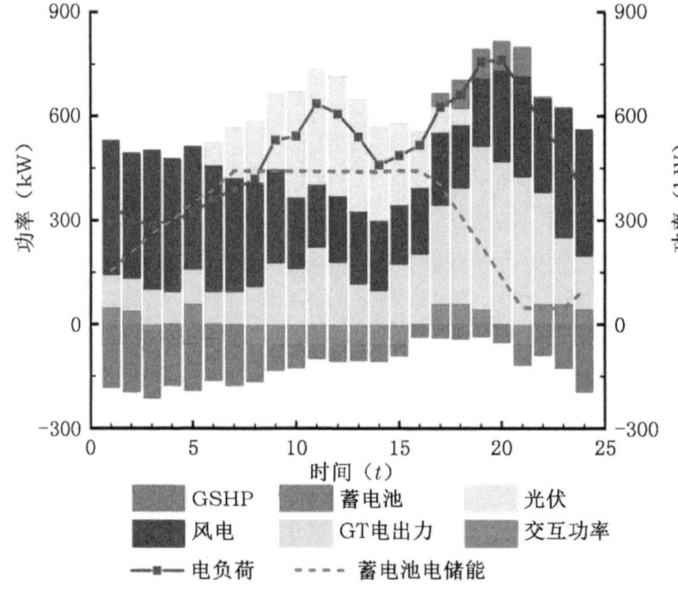

图 4—8　场景 3 中各设备电功率出力情况

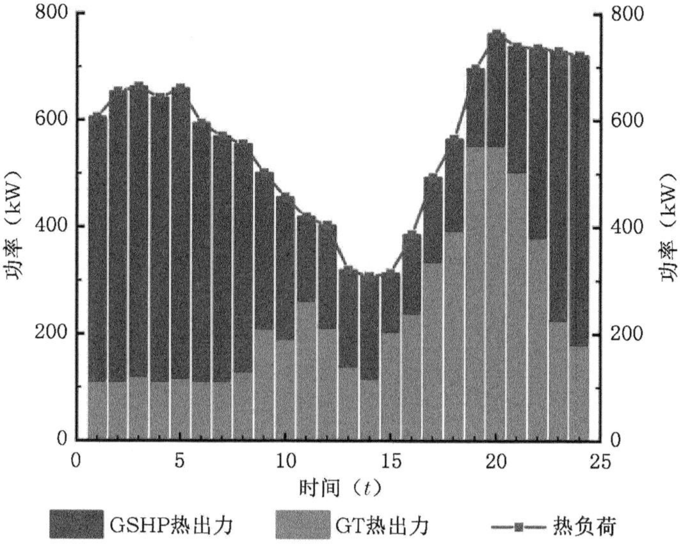

图 4—9　场景 3 中各设备热功率出力情况

在 1:00—7:00、22:00—24:00，IES 与上级电网交互的能源价格较低且风电资源丰富。考虑到 GSHP 能够利用少量电能输出大量的低品位热能，优先利用 GSHP 输出大量热能满足系统的热负荷需求。8:00—15:00，能源价格较高。此时，系统减少 GSHP 对电能的消耗，同时提升燃气轮机的输出功率，在满足系统用能负荷需求的同时向上级电网售电，从而获取一定的利润。19:00—21:00，能源价格较高而风电、光伏出力较低。此时，系统主要通过燃气轮机出力满足系统负荷需求，降低系统的总运行成本。

此时，系统的总运行成本为 7 354.3 元。与场景 1 相比，在 GSHP 的参与下，虽然系统中设备投资的总成本增加了 57%，但是系统的天然气使用成本降低了 58%、碳交易成本降低了 86%、系统的总运行成本降低了 48%。

(4)场景 4 调度结果

场景 4 考虑了 CSP 电站及 GSHP 联合对 IES 的优化效用。通过发挥 CSP 电站与 GSHP 的互补优势，使得 CHP 机组的输出能够灵活地适应系统内电、热负荷的需求，同时使系统内热能灵活地进行转移。场景 4 中各设备电功率、热功率出力情况分别如图 4—10 和图 4—11 所示。

①各设备电功率出力情况分析。8:00—16:00,能源价格较高且光热、光伏资源丰富,CSP 电站将一部分光热功率转换为电能,用于电负荷供给,可代替燃气轮机进行电能的供给,从而减少燃气轮机出力。19:00—22:00,能源价格较高而光伏受限于自然条件,无法正常工作。此时,CSP 电站通过 TES 仍然能够为系统提供一定的电功率。

②各设备热功率出力情况分析。从图 4—11 中可以看出,IES 中由于引入了 CSP 电站,能够在电能价格较高的 11:00—15:00 为 GSHP 提供一定的电能,从而保证了 GSHP 能够优先为系统供热。19:00—21:00,能源价格较高且系统内热负荷需求量较大,CSP 电站又能够通过 TES 放热承担一部分的热负荷。

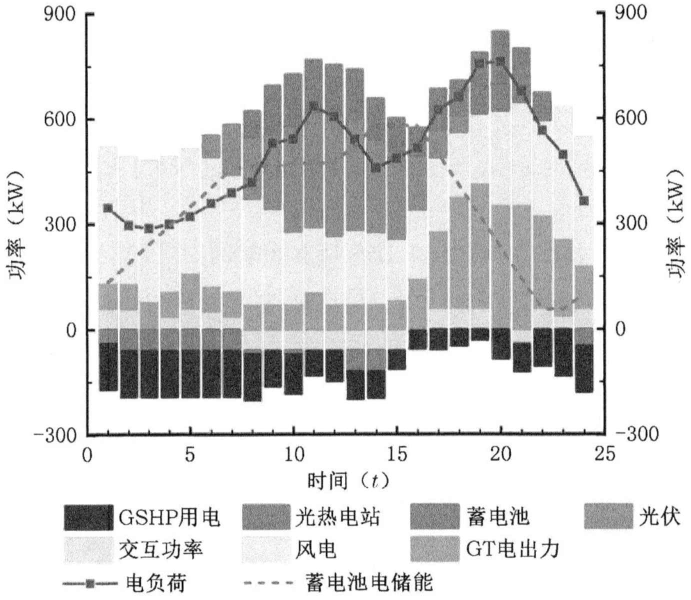

图 4—10 场景 4 中各设备电功率出力情况

为进一步分析 CSP 电站在本节所提综合能源系统中所起到的优化效用,下面将对 CSP 电站中的储热系统进行分析,结果如图 4—12 所示。

从图中可以看出,6:00—8:00、10:00、12:00—14:00,燃气轮机自主调节产生了过多的热能,可以通过 TES 储入这部分热能。19:00—21:00,根据系统供能的需要,又可以通过发电机将一部分热能转化为电能。配置大容量 TES 的

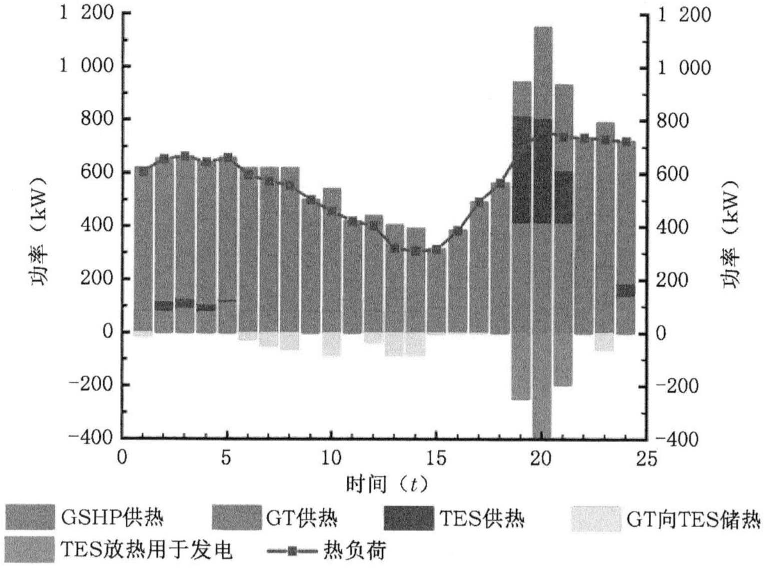

图 4－11　场景 4 中各设备热功率出力情况

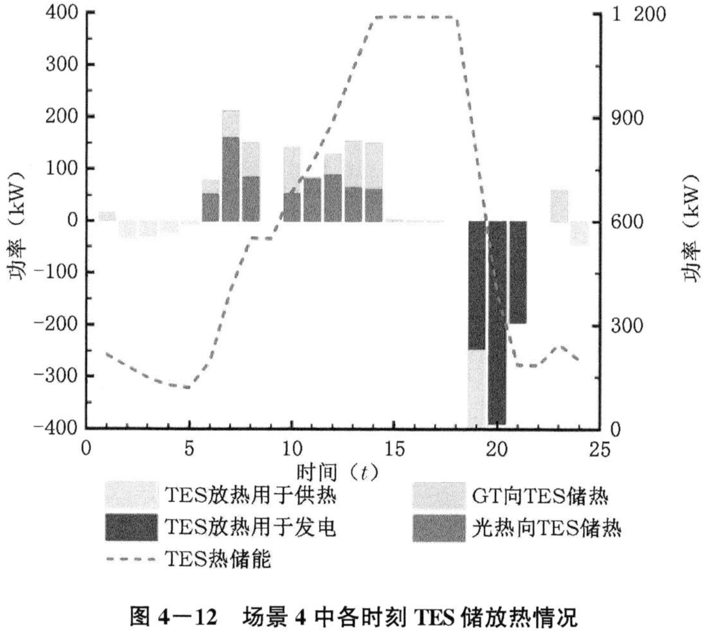

图 4－12　场景 4 中各时刻 TES 储放热情况

CSP 电站一方面能够利用储热灵活性将光热资源的利用时间进行转移，另一方面也可以充当 CHP 机组，为系统提供一定的电能及热能。

此时，系统的运行成本为 6 987.4 元。通过 CSP 电站在热能转移及电能供给方面的灵活性，与场景 2 相比，系统折算至每天的投资成本虽然增加了 25.3%，但是系统的天然气使用成本进一步降低了 25.9%、碳交易成本降低了 59.4%、系统的总运行成本降低了 5%。

2. IES 中各设备容量配置优化分析

表 4—2 为不同场景下 IES 的设备优化配置情况。通过分析不同场景下各设备的配置容量可以看出，随着 GSHP 及 CSP 电站的引入，燃气轮机所需容量逐渐由 647.4kW 降低为 356.6kW；而可再生能源风电、光伏配置容量则分别从 293.4kW、138.6kW 增加至 399kW、341kW。这说明，GSHP 与 CSP 电站的引入，使得 IES 对天然气资源的依赖逐渐降低，而可再生能源的利用却在逐渐增加，从而大幅度降低，系统的碳排放成本及系统运行成本。

表 4—2　　四种场景下 IES 的设备优化配置

场景	蓄电池(kW)	燃气轮机(kW)	风电场(kW)	光伏电站(kW)	地源热泵(kW)	储热系统(kW)	发电机(kW)	光场(kW)
1	634.5	647.4	293.4	138.6	—	—	—	—
2	1 826.5	528.7	261.0	191.0	—	2 925.9	33.1	397.5
3	443.0	470.2	385.0	310.0	541.0	—	—	—
4	579.8	356.6	399.0	341.0	533.0	1 190.2	147.1	481.0

4.5.3　敏感性分析

4.2 节介绍了 GSHP 与 CSP 电站对 IES 的优化效用，然而却忽视了风电、光伏及光热出力的不确定性。RARM 中所采用的调度模型为 4.2 小节论述的场景 4，其最优调度成本为 6 987.4 元。

为了分析 ξ 及系统的调度运行成本，随着 μ_c 的规律变化，本小节设置 $\tau^{PW}:\tau^{PV}:\tau^{TV}=1:1:1$；设置风险规避系数的变化范围为 0.01—0.1。通过计算调度计划者设定的预期调度目标 $(1+\mu_c)F_0$，可以得出系统的等效不确定性偏差系数与调度成本随着 μ_c 的变化趋势，如图 4—13 所示。

从图 4—13 可以看出，随着 μ_c 从 0.01 增加至 0.10，系统的调度成本及等效

偏差系数 ξ 均在不断地增加。通过前文的理论分析可知，保守型决策者认为不确定性会导致目标朝着不利的方向发展，希望通过付出更多的调度成本使系统承受最大可能存在的不确定性。当 IES 运行成本由 6 987.4 元增加到 7 686.1 元时，系统的运行成本增加了 10%，但 IES 可以容纳的 ξ 增加了 27.4%。对应地，当 $P_{\mathrm{PW},t}$、$P_{\mathrm{PV},t}$ 及 $H_{\mathrm{TV},t}$ 分别在 $(1-\xi^{\mathrm{PW}},1)C_{\mathrm{PW}}^{\mathrm{cap}}P_{\mathrm{PW},t}^{\mathrm{pre}}$、$(1-\xi^{\mathrm{PV}},1)C_{\mathrm{PV}}^{\mathrm{cap}}P_{\mathrm{PV},t}^{\mathrm{pre}}$ 及 $(1-\xi^{\mathrm{TV}},1)C_{\mathrm{TV}}^{\mathrm{cap}}P_{\mathrm{TV},t}^{\mathrm{pre}}$ 范围内波动时，均能保证系统所对应的调度成本低于 $(1+\mu_c)F_0$。

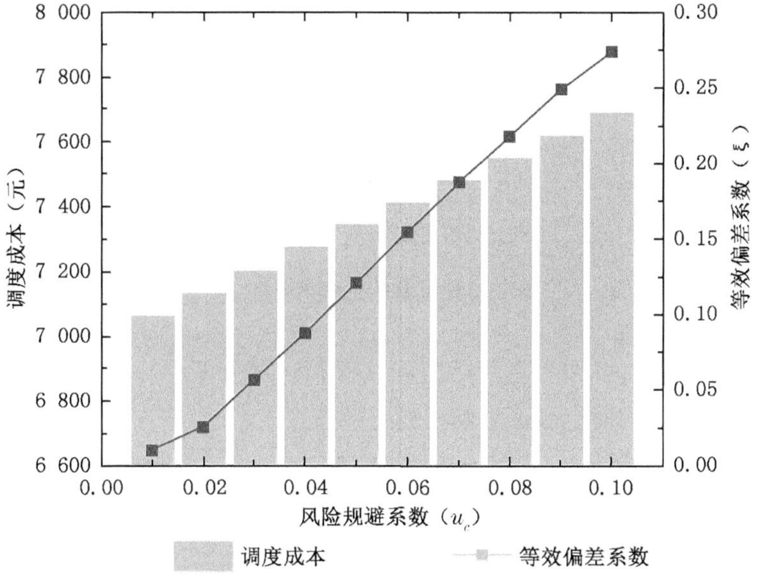

图 4—13　ξ 及系统调度运行成本的变化趋势

考虑到本书所提模型中主要通过上级电网交互及购买天然气与外界进行联络。为进一步分析，考虑风电、光伏及光热出力的不确定性对 IES 运行的具体影响，设置风险规避系数 $\mu_c=0.1$，讨论系统内电网交互功率及天然气购买量的变化情况，结果如图 4—14 所示。图中，NM 代表确定模型下系统最优调度方案，*RA* 代表 RARM 下系统最优调度方案。

从图 4—14 中可以看出，与确定型调度策略相比，RARM 的决策者为规避不确定性所带来的风险，需要增加天然气的购买量，同时增加向上级电网的购电量并减少向上级电网的售电量。这是因为风电、光伏及光热的实际出力比预测

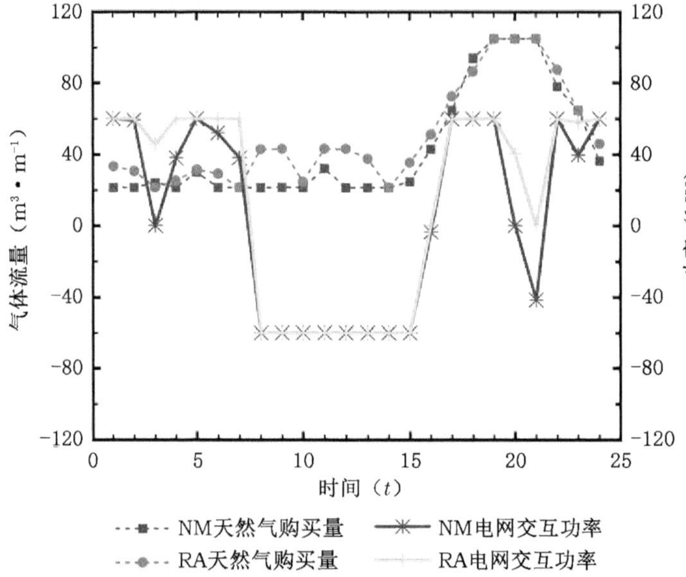

图 4－14　电网交互功率及天然气购买量的变化情况

值低，从而需要增加从外部购买的能源来弥补这部分能源缺额。这符合 4.2 节进行的理论分析，同时也验证了模型的有效性。

4.5.4　可行性验证

为确定本节所提模型的可行性，通过在 4.2 节所建立的不确定集中进行 1 000 次蒙特卡洛模拟实验进行验证。根据 4.3 节的计算结果，本节设定 RARM 策略所对应的预期调度目标成本为 7 506.72 元，IES 所能承受的最大的不确定性的等效偏差系数 ξ 为 0.2。此时，不确定参数均在 $[(1-\xi^{DG})C_{DG}^{cap}, C_{DG}^{cap}]\,P_{DG,t}^{pre}$ 区间范围内波动，其中，DG＝{PW，PV，TV}，分别对应{风电、光伏、光热}。

图 4－15 为不确定参数在进行蒙特卡洛模拟试验后获得的 1 000 组 IES 调度成本。在实验过程中，保证不确定参数在 $[(1-\xi^{DG})C_{DG}^{cap}, C_{DG}^{cap}]\,P_{DG,t}^{pre}$ 区间范围内变化。

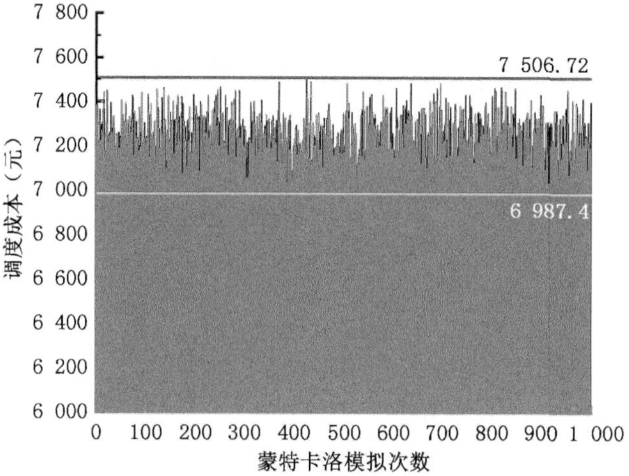

图 4－15　不确定场景下 IES 的运行成本

从图中可以看出，对于任意的不确定参数都能够满足系统的调度成本在 6 987.41—7 506.72 元之间，而此时系统所能承受的最大不确定参数的等效偏差系数为 20%。可以看出，调度计划者根据设定的预期目标，可以准确地获得不确定参数的等效偏差，从而可以验证本节所提模型的可行性与准确性。

4.6　结论与启示

本书针对电热耦合的 IES 中热电供需矛盾导致的环境污染及弃风问题，提出了含 GSHP 及 CSP 电站 IES 低碳调度优化模型，通过划分不同场景验证分析了本节所提模型的有效性。针对风电、光伏及光热出力的不确定性，采用 IGDT 方法进行处理，构建了风险规避鲁棒模型。通过仿真验证得出主要结论如下：

(1)GSHP 具有高效的热电转化能力，通过 GSHP 可承担系统大量的热负荷需求，有效地规避系统的碳排放及弃风现象，从而降低系统的运行成本。

(2)CSP 电站与 CHP 机组联合，利用 TES 储热、放热的灵活性，燃气轮机出力能够更好地适应系统的用能需求。CSP 电站在一定程度上也可代替 CHP 机组，为系统提供电能及热能。

(3)随着 IES 的供能结构中逐渐引入 GSHP 与 CSP 电站，燃气轮机优化配置的容量不断降低，风电、光伏的优化配置容量不断提高，系统所能够消纳的风电等清洁能源的总量不断提高。同时，系统运行总成本及碳排放总量不断降低。

(4)本节所提风险规避鲁棒模型能够有效地将 IES 调度运行成本与不确定参数的偏差系数定量地结合起来，为决策者提供了定量的决策依据。通过蒙特卡洛模拟，验证了所提模型的有效性与可行性。

4.7 本章小结

为解决电—热综合能源系统中热电供需矛盾导致的弃风及环境污染问题，本章提出了含 CSP 电站及 GSHP 的 IES 低碳调度优化模型。首先，在能源侧利用热泵的供热灵活性，打破热电联产机组“以热定电”运行限制；考虑光热电站与 CHP 机组联合运行，进一步提升 CHP 机组运行的灵活性。其次，对 IES 中各设备的容量进行优化配置。在此基础上，针对风电、光伏及光热出力的不确定性，采用信息间隙决策理论进行处理，提出了风险规避鲁棒模型。最后，通过 9 节点测试系统，验证了本书所提模型的有效性，并划分不同场景，验证了光热电站及热泵对 IES 的优化效用。仿真结果表明：光热电站及热泵的引入虽然增加了 IES 的设备投资成本，但是系统的运行总成本及碳排放总量能够明显地降低；通过配置 IES 中各设备的容量，系统能够更好地消纳风电等清洁能源；所提风险规避鲁棒模型能够有效地将不确定性与运行成本相结合。

第 5 章　综合能源系统优化运行

5.1　引言

日益严峻的能源与环境问题，改变了人类的能源消费方式，促进了新能源技术的快速发展。如何提高能源利用效率、实现能源清洁化和可持续发展，是当今世界各国共同关心的问题。[154－157]以电、气、热、冷等多种能源组成的区域综合能源系统（Regional Integrated Energy System，RIES）对电网电能、天然气和分布式能源进行统一规划和调度，在满足用户多种能源消费需求的同时能实现不同能源的优势互补，大大提高系统效益和能源利用效率，是未来人类能源方式变革、能源系统发展的重要方向。[158－160]区域综合能源系统包含电力、燃气、供热/冷、储能及能量中心等多个能源环节，其核心是利用能源之间的转换利用、耦合互补、合理分配与协调优化，以提高可再生能源的消纳比例。[161,162]

目前，关于区域综合能源系统的研究，多集中于建模、规划、评估、调频及经济运行等方面。文献[163]根据用户的能源需求建立了一个以社会效益最大为目标的双层优化调度模型，并验证了所提模型的正确性。文献[164]设计了区域综合能源系统调度优化框架，并由此建立了基于 0－1 混合整数规划的优化调度模型，最后通过实例验证了所建模型的合理性和有效性。文献[165,166]构建了区域综合能源系统的评估指标，并采用模糊加权法或网络分析法对相关实例进行了评估，验证了模型的合理性和正确性。文献[167]将区域综合能源系统作为调频资源，对可再生能源接入电网导致的频率偏移进行调节，以解决电网频率的稳定问题。文献[168－170]建立了以电为核心，包含天然气、供热/冷及可再生能源的区域综合能源系统调度模型,并将模型应用到实例中,验证了模型的合理性和可行性,求得了区域综合系统经济运行方案。国内外专家、学者在区域综合能源系统方面的研究取得了一定的成果,并且随着研究的深入,他们在区域综合能源系统中考虑了更多的因素或采取了更多的方法等。文献[171]通过调节系统的热电比并利用广义弹性负荷参与需求响应,实现了区域综合能源系统更加高效地经济运行。文献[172]在区域综合能源系统中考虑了系统—氢气—天然气混合储能系统,并建立了计及能量转换损失和环境效益成本的优化调度模型。文献[173]以环境污染和化石燃料消耗量最小为目标,构建了含可再生能源在内的区域综合能源系统优化调度模型,并应用于伊朗某区域,验证了该调度模型能够在很大程度上减少环境污染和化石燃料消耗量。文献[174]在综合能源系统调度模型中考虑了碳交易成本,并采用联络线切割法和区域重叠法对系统进行了区域分解。文献[175]将 CVaR 理论引入区域综合能源系统调度中,构建了以风险费用最小为目标函数的区域综合能源系统优化调度模型。

本章针对风电和光伏出力预测的不准确性,将其表示为一个具有零均值且呈正态分布的预测误差,构建了含风、光、气、网联合供电、供热(冷)的综合能源系统调度模型。调度模型以综合能源系统成本最小为目标函数,以供电平衡、供热(冷)平衡及微型燃气轮机出力限制等为约束条件。根据"以热定电"与"以电定热"模式在夏冬季节的运行设定四种场景,运用布谷鸟搜索算法分别在四种场景下对调度模型进行求解。最后,通过与传统的粒子群算法、遗传算法的对比,分析布谷鸟搜索算法的优势。

5.2 区域综合能源系统及组成单元

5.2.1 区域综合能源系统

依托智能电网技术的进步,区域综合能源系统利用各能源的互补性,将电力/供热/供冷/储能/天然气/可再生能源等多种能源集为一个综合系统,进行输送、分配、转换、存储等,实现了能源之间的转换互补与梯级利用,提高了能源利用效率。[176-177]区域综合能源系统包含兼具供电和供热的微型燃气轮机、风力发电机、太阳能电池板以及吸收式制冷机等，并与配电网相连，如图 5—1 所示。

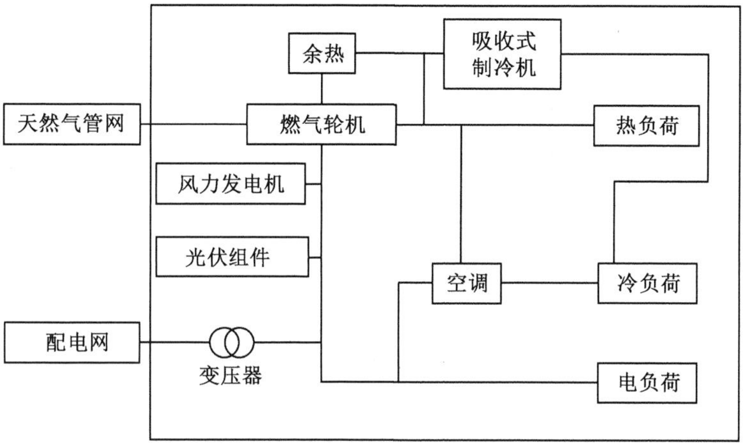

图 5—1　区域综合能源系统

区域综合能源系统的运行一般采用“以热定电”或“以电定热”两种运行方式。当采用“以热定电”时，优先满足系统内的冷热负荷，电力不足部分由配电网供应，电力盈余部分向电网输送；当采用“以电定热”时，优先满足系统内的电能负荷，冷热负荷由燃气轮机余热供应，不足部分由空调供应。

5.2.2　光伏及风电出力

国内外学者在可再生能源出力的短期预测领域中已经有了较多的研究，在预测的不确定性方面也取得了一定的研究成果。其中，文献[178]给出了一种表示光伏电站出力预测不确定性的方法：若将光伏出力的不确定性表示为一个具有零均值、呈正态分布的预测误差 e_1，即总体服从期望 $\mu_1=0$、标准差为 σ_1 的正态分布，则光伏出力可近似表示为：

$$P_t^p=P_t^{wf}(1+e_1) \tag{5—1}$$

式中，P_t^p 为 t 时段光伏出力实际值；P_t^{pf} 为 t 时段光伏出力预测值。

风电出力预测的不确定性亦可采用上述方法进行表示，则风电出力可近似表示为：

$$P_t^w = P_t^{wf}(1+e_2) \tag{5-2}$$

式中，P_t^w 为 t 时段风电场出力实际值；P_t^{wf} 为 t 时段风电场出力的预测值；e_2 为风电场出力的预测误差，均值为零且呈正态分布，标准差为 σ_2。

光伏及风电的出力成本分别为：

$$C_t^p = \lambda^p P_t^p + c_1 P_t^{pf} e_1 \tag{5-3}$$

$$C_t^w = \lambda^w P_t^w + c_2 P_t^{wf} e_2 \tag{5-4}$$

式中，λ^p 为风力发电的成本系数；λ^w 为光伏发电的成本系数；c_1 为光伏出力预测误差的惩罚系数；c_2 为风电出力预测误差的惩罚系数。

5.2.3　微型燃气轮机及燃气锅炉

微型燃气轮机的燃气费用及排烟所产生的余热与发电功率的关系可分别近似为一次函数、二次函数[179－180]：

$$C_t^g = aP_t^g + b \tag{5-5}$$

$$H_t^p = \alpha P_t^{g2} + \beta P_t^g + \gamma \tag{5-6}$$

式中，C_t^g 为微型燃气轮机的燃气费用；a、b 为微型燃气轮机成本系数；P_t^g 为燃气轮机的发电功率；H_t^p 为微型燃气轮机排烟所产生的余热；α、β、γ 为微型燃气轮机的余热系数。

燃气锅炉 t 时段产生的热量为：

$$H_t^g = \eta^g L^g G_t \tag{5-7}$$

式中，η^g 为微型燃气轮机效率；L^g 为天然气热值，取 9.7kW·h/m^3；G_t 为 t 时段内天然气消耗量。

天然气消耗量为 G_t 时的费用为：

$$C_t^g = \lambda^g G_t \tag{5-8}$$

式中，λ^g 为天然气成本系数（￥/m^3）。

由式(5－7)和式(5－8)可得产生 H_t^g 热量所需费用为：

$$C_t^g = \lambda^h G_t \tag{5-9}$$

式中，$\lambda^h = \dfrac{t\lambda^g H_t^g}{\eta^g L^g}$ 为产生热量的成本系数（￥/kW）。

5.2.4　空调及吸收式制冷机

空调产生的制热量和制冷量分别为：

$$H_t^a = \mu^h P_t^a \tag{5-10}$$

$$CL_t^a = \mu^c P_t^a \tag{5-11}$$

式中，μ^h 为空调制热时的能效比；μ^c 为空调制冷时的能效比；P_t^a 为空调运行时消耗的电能。

则空调在 t 时段的运行成本为：

$$C_t^a = \lambda_t P_t^a \tag{5-12}$$

式中，λ_t 为 t 时段微型燃气轮机产生电能的成本或配电网供电的价格。

电制冷机在 t 时段产生的制冷量为：

$$CL_t^e = \mu^e P_t^e \tag{5-13}$$

式中，μ^e 为电制冷机的制冷能效比；P_t^e 为电制冷机在 t 时段消耗的电能。

则电制冷机在 t 时段的运行成本为：

$$CL_t^e = \mu^e P_t^e \tag{5-14}$$

本书中吸收式制冷机热量来源仅为微型燃气轮机余热，故只计其运行维护费用，表达式为：

$$C_t^x = \lambda^x H_t^{px} \tag{5-15}$$

式中，λ^x 为吸收式制冷机输入单位功率的运行维修费用；H_t^{px} 为吸收式制冷机输入的余热功率。

当吸收式制冷机输入 H_t^p 的热量时，产生的制冷量为：

$$CL_t^x = \mu^x H_t^{px} \tag{5-16}$$

式中，μ^x 为吸收式制冷机的制冷能效比。

5.2.5　储能设备

储能电池充放电的成本函数为：

$$C_t^s = \lambda^s \left| P_t^s \right| \tag{5-17}$$

式中，λ^s 为储能设备的成本系数；P_t^s 为 t 时段储能设备出力（为正数时，表示释放能量；为负数时，表示储存能量）。

5.3 区域综合能源系统优化调度模型

5.3.1 目标函数

区域综合能源系统优化调度的目标是在满足约束条件的基础上使系统运行费用最小。结合各单元成本模型组合成的目标函数为：

$$\min f=\sum_{t=1}^{T}(C_t^p+C_t^w+C_t^g+C_t^e+C_t^a+C_t^x+C_t^s) \qquad (5-18)$$

式中，f 为调度周期内的系统总成本。

5.3.2 约束条件

1. 供电平衡约束

配电网输入系统内的电能及系统产生的电能之和与用电负荷保持平衡：

$$P_t^{sg}+P_t^p+P_t^w+P_t^g+P_t^s=P_t^a+P_t^e+P_t^{ld} \qquad (5-19)$$

式中，P_t^{sg} 为配电网与区域综合能源系统交换的电功率(若为正，则表示配电网向系统输送功率；若为负，则表示系统向配电网输送功率)；P_t^{ld} 为除空调和电制冷机以外的其他负荷。

2. 供热约束

系统产生的热量与消耗的热负荷应保持平衡：

$$H_t^p+H_t^g+H_t^a=H_t^{px}+H_t^{ld} \qquad (5-20)$$

式中，H_t^{ld} 为系统内的热负荷。

本书中吸收式制冷机使用的热量仅采用微型燃气轮机产生的余热，因此有：

$$H_t^{px}\leqslant H_t^p \qquad (5-21)$$

3. 供冷约束

系统内的制冷量与冷负荷应保持平衡：

$$CL_t^a+CL_t^e+CL_t^x+CL_t^s=CL_t^{ld} \qquad (5-22)$$

式中，L_t^{ld} 为系统内的冷负荷。

4. 微型燃气轮机约束

微型燃气轮机出力时一定要在上下限之间[181]，或者停止发电，即

$$P_t^g \in \{[P_{\min}^g, P_{\max}^g], 0\} \tag{5-23}$$

式中，$P_{\max}^g$ 为微型燃气轮机的出力上限；$P_{\min}^g$ 为微型燃气轮机的出力下限。

5.3.3　布谷鸟搜索算法

区域综合能源系统的优化调度属于高维、非线性、多约束的优化问题。国内外学者多采用粒子群算法[182,183]、遗传算法[184]等传统优化算法求解该问题，而本书选择 Xin-She Yang 于 2009 年提出的布谷鸟搜索算法[185]对其进行求解。该算法结构简单，参数少，具有良好的适应度，不需要为特殊问题重新匹配参数，目前已在电力系统经济调度中得到了一定的应用[186,187]，比较适合本书所建立的模型。布谷鸟搜索算法通过模拟布谷鸟借巢下蛋的行为，并结合鸟类的 Lévy 飞行行为来求解最优化问题，其主要模拟以下三个理想条件：

(1)每只布谷鸟一次只产一个蛋，并随机选择鸟窝来放置；

(2)最好的鸟窝(即区域综合能源系统最小成本)将保留到下一代。

(3)可以利用的鸟窝数量 n 是固定不变的，巢主鸟发现该蛋的概率是 p_a，且 $p_a \in [0,1]$。如果被发现，巢主鸟则会将该鸟蛋丢弃或抛弃这个鸟窝(即舍弃该最优解及相应的调度方案)，在另一个位置建立一个新的鸟窝，而布谷鸟则会重新下蛋(即重新运行程序对模型进行求解)。

布谷鸟搜索算法的随机过程和位置更新采用 Lévy 飞行公式：

$$x_i^{(t+1)} = x_i^{(t)} + \alpha \cdot Levy(\lambda) \tag{5-24}$$

式中，α 为步长比例因子，且 $\alpha > 0$；$Levy(\lambda)$ 为随机搜索路径，服从指数分布 $u = \tau^{-\lambda}$，$\lambda \in (1,3)$。

5.4　算例分析

5.4.1　算法数据

以北方某区域为例，本书对所构建的模型进行验证和分析。设备数量及规格如下：额定功率为 60kW、200kW 的微型燃气轮机各 1 台，1 台额定功率为 100kW 的风电机组，1 台额定功率为 100kW 的光伏机组，1 台额定功率为 60kW 的中央空调，1 台额定功率为 80kW 的电制冷机，1 台额定功率为 100kW 的吸收式制冷机。各设备具体参数[179,188-189]分别如表5—1到表5—3所示。分时电价信息如图5—2所示。综合能源系统上网电价按照上海市天然气发电上网电价即0.4983元/kW·h计算。

表5—1　微型燃气轮机、风电机组及光伏机组设备参数

电源类型	成本系数(¥/kW·h)	成本常数(¥)	发电功率下限(kW)	发电功率上限(kW)
微型燃气轮机(60kW)	0.316	3.30	15	60
微型燃气轮机(200kW)	0.308	8.52	50	200
风电机组	0.013	0	0	100
光伏机组	0.010	0	0	100

表5—2　微型燃气轮机余热函数的参数

二次系数	一次系数	常数
—0.011	2.287	12

表5—3　中央空调及吸收式制冷机设备参数

设备		能效比	额定功率(kW)
中央空调	制热	3.5	80
	制冷	4.3	80
吸收式制冷机		1.2	240

为验证本书所建模型的正确性，并分析“以热定电”与“以电定热”模式在夏冬季节的经济性，本书设定四种场景：(1)对夏季电负荷和冷负荷进行优化调度时，采用“以热定电”模式；(2)对夏季电负荷和冷负荷进行优化调度时，采用“以电定热”模式；(3)对冬季电负荷和热负荷进行优化调度时，采用“以热定电”模式；(4)对冬季电负荷和热负荷进行优化调度时，采用“以电定热”模式。夏季和冬季风光电出力预测及冷(热)电负荷预测分别如图5—3和图5—4所示。

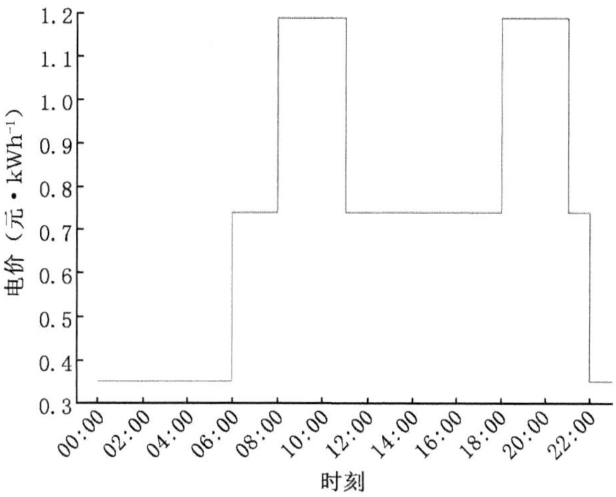

图 5—2　分时电价

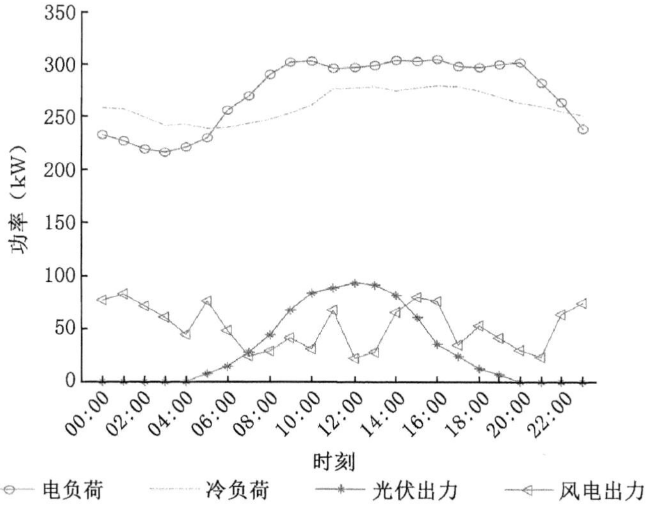

图 5—3　夏季光伏、风电出力预测及冷电负荷

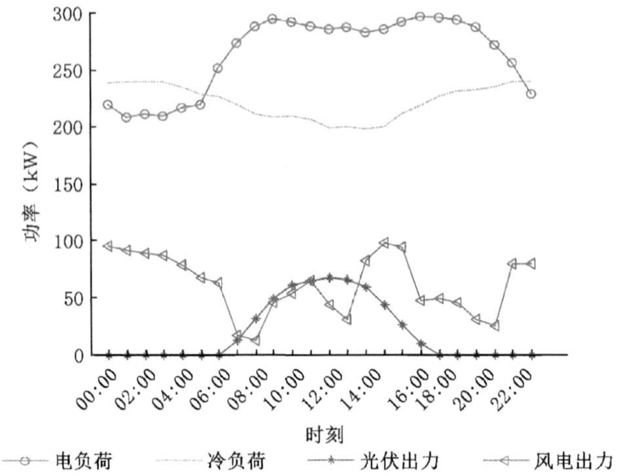

图 5—4　冬季光伏、风电出力预测及热电负荷预测

5.4.2　场景一

场景一通过布谷鸟搜索算法进行求解，得到微型燃气轮机 1、2 及电网出力，如图 5—5 所示。电网出力小于 0，表示区域综合能源系统向电网送电；大于 0，表示电网向区域综合能源系统送电。

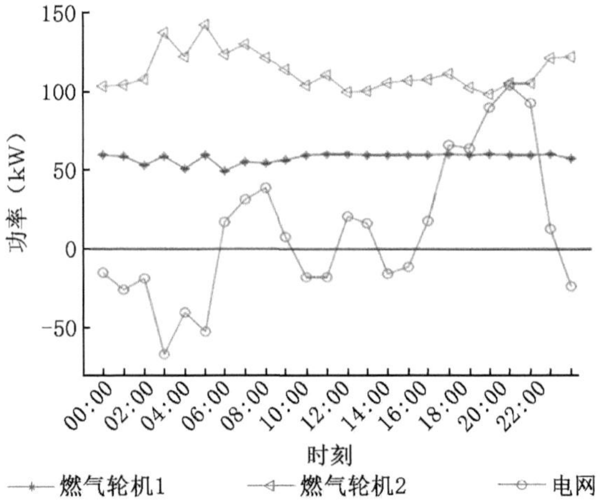

图 5—5　场景一下微型燃气轮机及电网出力

从图 5—5 可知，微型燃气轮机 1 出力波动很小，在 11:00 几乎无波动，主要是因为燃气轮机 1 濒临满负荷状态，此时调节能力很小；燃气轮机 2 在 11:00—22:00 之间出力波动也较小，这是由于电网出力波动较大，在微型燃气轮机出力盈余时综合能源系统将剩余电力输向电网，当出力不足时电网向综合能源系统供电，且可再生能源发生波动时，均由电网进行调节。

5.4.3　场景二

场景二是"以热定电"，当燃气轮机产生的余热转化成的冷量不能满足需求时，冷负荷将由中央空调满足。在场景二下，通过布谷鸟搜索算法进行求解，得到微型燃气轮机 1、2 及电网出力，如图 5—6 所示。微型燃气轮机产生的余热所转化的冷功率及所缺冷负荷如图 5—7 所示。

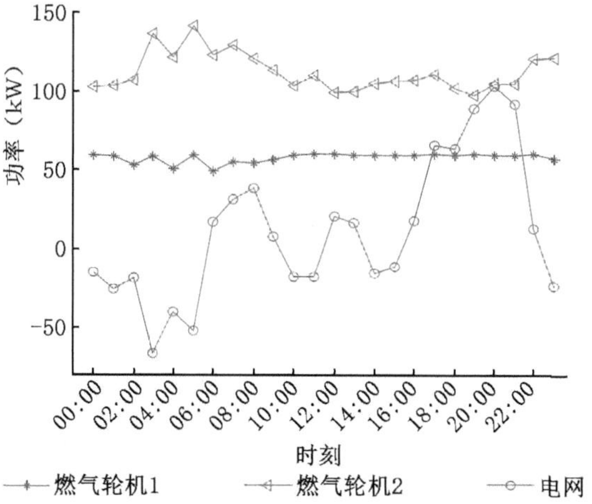

图 5—6　场景二下微型燃气轮机及电网出力

由图 5—6 可知：场景二下，在调度周期内的大部分时间都是综合能源系统向电网供电，这主要是因为场景二为"以电定热"，电负荷较小时，微型燃气轮机在满足电负荷的同时还能向电网送电；当电负荷较大，微型燃气轮机有功出力不能满足时，电网向综合能源系统供电。由图 5—7 可知：燃气轮机 1 余热转化的制冷量变化较小，而燃气轮机 2 余热转化的制冷量变化较大，这是由于燃气轮机 1 的有功出力变化很小，燃气轮机 2 的有功出力变化较大，余热输出量也会随之进行变化。

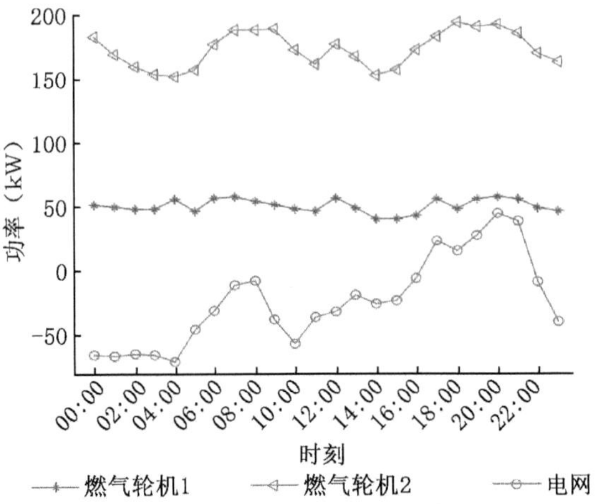

图 5—7　场景二下微型燃气轮机余热制冷量及中央空调制冷量

5.4.4　场景三

场景三通过布谷鸟搜索算法进行求解，得到微型燃气轮机 1、2 及电网出力，如图 5—8 所示。

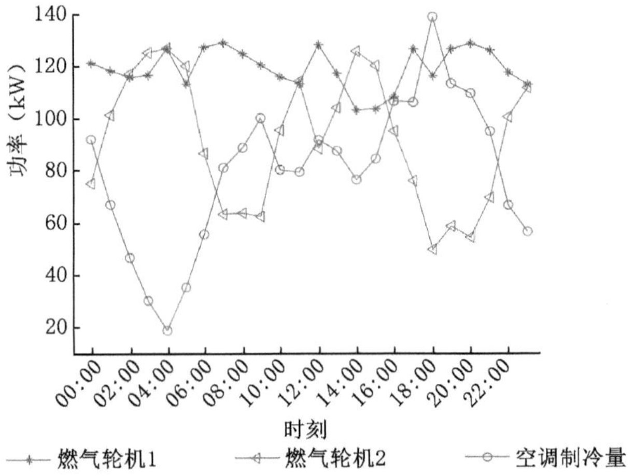

图 5—8　场景三下微型燃气轮机及电网出力

由图 5—8 可知：场景三与场景一相似，微型燃气轮机 1、2 的出力波动均较小，而电网出力波动较大，负荷及可再生能源的随机性可由电网进行调节。

5.4.5　场景四

场景四通过布谷鸟搜索算法进行求解，得到微型燃气轮机 1、2 及电网出力，如图 5—9 所示。

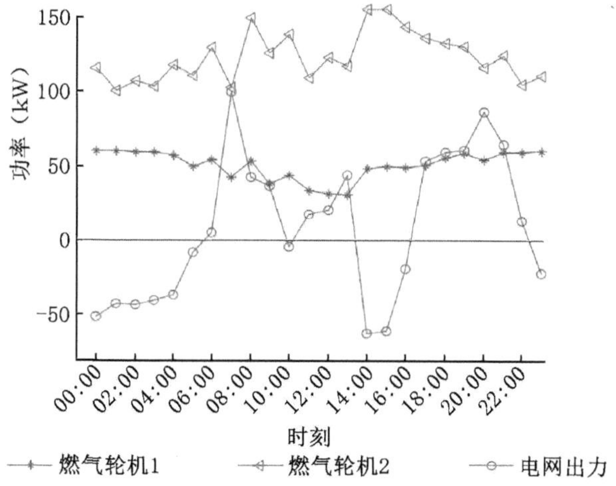

图 5—9　场景四下微型燃气轮机及电网出力

由图 5—9 及图 5—10 可知：场景四与场景二类似，在调度周期内的大部分时间都是综合能源系统向电网供电，电负荷较小时，微型燃气轮机在满足电负荷的同时还能向电网送电，当电负荷较大，微型燃气轮机有功出力不能满足时，电网向综合能源系统供电；由于微型燃气轮机采用“以电定热”，当余热不能满足热负荷需求时，采用空调进行供热，所需电能由电网提供。

5.4.6　成本分析

综合能源系统在 4 种不同场景下调度周期成本曲线如图 5—11 所示，调度周期内总成本如表 5—4 所示。

由图 5—11 可知，场景一成本曲线明显大于场景二成本曲线，场景三成本曲线明显大于场景四成本曲线。

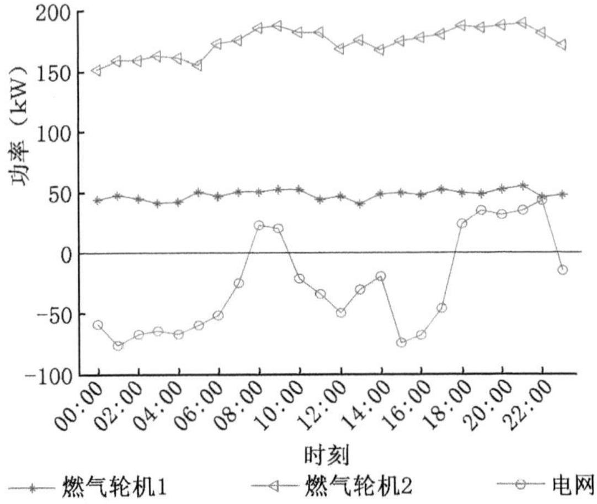

图 5—10　场景四下微型燃气轮机余热及空调制热量

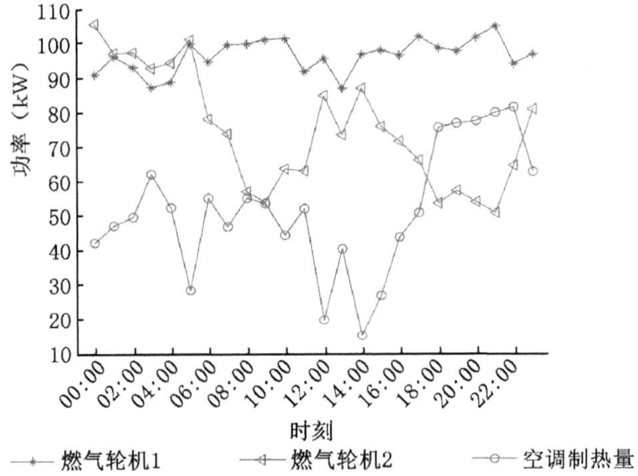

图 5—11　不同场景下调度周期成本曲线

表 5—4　　不同场景下调度成本

场　景	总成本(元)
场景一	1 989.40
场景二	1 736.30

续表

场　景	总成本(元)
场景三	1 922.83
场景四	1 720.35

由表 5—4 可知，场景一总成本大于场景二总成本，场景三总成本大于场景四总成本。由于场景一与场景二、场景三与场景四是在相同季节不同运行策略下进行的调度，因此运行策略对综合能源系统的影响很大。

5.4.7　求解效果分析

当采用传统的粒子群算法和遗传算法在四种场景下求解所建模型时，系统运行成本见表 5—5。

表 5—5　　算法求解效果对比

算　法	场　景	总成本(元)	与 CS 成本差(元)
粒子群算法	场景一	2 073.94	84.54
	场景二	1 863.52	127.22
	场景三	2 048.37	125.54
	场景四	1 817.75	97.40
遗传算法	场景一	2 093.61	104.21
	场景二	1 857.39	121.09
	场景三	2 042.56	119.73
	场景四	1 826.70	106.35

由表 5—5 可知，粒子群算法及遗传算法对模型进行求解得到的调度方案成本均大于布谷鸟搜索算法所求得的调度方案成本，因此布谷鸟搜索算法求解效果更优。

5.5　结论与启示

针对风电和光伏出力预测的不准确性，本书将其不确定性表示为一个具有零均值且呈正态分布的预测误差，构建了含风、光、气、网联合供电、供热（冷）的综合能源系统调度模型。调度模型以综合能源系统成本最小为目标函数，以供电平衡、供热（冷）平衡及微型燃气轮机运行等为约束条件。本书根据“以热定电”与“以电定热”模式在夏冬季节的运行设定四种场景，分别运用布谷鸟搜索算法对调度模型在四种场景下进行求解，最后采用传统的粒子群算法、遗传算法对模型进行求解，并与布谷鸟搜索算法所求结果进行对比。仿真结果表明，不同运行策略对综合能源系统的经济性有较大影响，“以电定热”运行策略的经济性更优，且布谷鸟搜索算法的求解效果更佳。

5.6 本章小结

该章构建含风、光、气、网联合供电、供热（冷）的综合能源系统调度模型。调度模型以综合能源系统成本最小为目标函数，以供电平衡、供热（冷）平衡及微型燃气轮机运行等为约束条件。本章根据“以热定电”与“以电定热”模式在夏冬季节的运行设定 4 种场景，分别运用布谷鸟搜索算法对 4 种场景下的调度模型进行求解，得到在 4 种场景下区域综合能源系统各参与方的出力，并对比分析 4 种场景下区域综合能源系统的运行成本，最后采用传统的粒子群算法、遗传算法对模型进行求解，并与布谷鸟搜索算法所求结果进行对比分析。仿真结果验证了所提模型和算法的有效性及优越性，得到更合适的运行策略，为区域综合能源系统的经济调度提供了新的方法和途径。

第6章　总结与展望

本章作为全书的总结，一方面，对全书的主要研究工作进行了回顾，总结了研究所取得的成果和创新之处；另一方面，也指出本书研究的不足之处，展望综合能源系统脆弱性与优化运行进一步的研究方向，指出需深入研究的问题。

6.1　研究总结

能源是人类赖以生存和发展的基础，关系到国家经济社会发展的命脉。传统一次性非可再生常规能源的日益紧缺，以及现代社会源源不断的能源需求与环境保护以及经济增长之间也存在着矛盾。因此近年来如何使能源得到合理的利用、如何提高能源的利用效率等问题，得到了各国的广泛关注。随着新一轮能源革命的推进，多能源互补耦合的综合能源系统应运而生。相较于传统的电力网络，综合能源系统中交叉互联的各种能源使得系统运行和控制的复杂程度大幅增强，因此对系统的可靠、安全运行提出了更高的要求。能源安全直接关系着经济发展和社会民生，同时是关乎国家能源工业安全与稳定的重要因素之一，系统一旦出现重大故障，能源装备故障预防与保护不当，则将会导致事故发生，甚至会发展为大规模的能源供应链断裂事故。

全书以系统、科学的思想为基本，以系统科学、复杂网络理论、博弈论、Shapley值法、智能优化方法等作为主要的方法，结合综合能源系统特性，对综合能源系统进行拓扑建模，并进一步研究其网络特性，分析其网络脆弱性，对其市场利益主体分配机制进行尝试性研究，最后建立综合能源系统消纳可再生能源与优化运行模型并通过智能算法进行求解。全书的主要成果包括：

(1)复杂网络理论视角下建立了电—气—热综合能源系统网络模型，并利用

NetworkX 对系统进行网络拓扑建模与特征参数计算，通过进一步的数据分析表明：本书中所建立的综合能源系统网络模型具有无标度网络特性的同时较为接近小世界网络，符合复杂的网络特性。

（2）书中引入了网络破碎度、连通因子、供能效率比 3 个分析指标对电—气—热综合能源系统在 7 种不同破坏策略下进行了脆弱性分析，通过分析发现基于复杂网络的电—气—热综合能源系统在面对边破坏与随机破坏时表现出相对较强的脆弱性，面对各种蓄意节点破坏时也表现出了不同等级的脆弱性。通过对比发现：从系统网络破碎度与供能效率比来看，优先破坏度数最高的节点与优先破坏重要度最高的节点对系统产生的损害最大；从连通因子来看，优先破坏重要度最高的节点与优先破坏介数最高的节点对系统产生的损害最大。

（3）通过了解综合能源市场的现状，分析了综合能源市场主要包括政府、电网企业、发电企业（分布式发电）、供暖（气）公司、热力公司、用户、售电公司（负荷集成商）、设备公司、节能服务公司、互联网企业和金融服务商等相关利益方，分析了各主体的利益诉求，并将发电企业、电网企业、用户等划分为核心利益方，研究了这三个主体间的利益分配模型。

（4）书中最终选用改进 Shapley 值法模型对三个主体进行利益分配，先使用 Shapley 值法进行初始分配计算，再引入风险分摊、投入程度、协作优化和环境污染四个影响因素来对利益分配值进行修正，最终得到的结果更符合各主体受实际影响后应该分得的利益值，有利于激发主体间合作的积极性。

（5）书中针对热—电综合能源系统中燃气轮机运行在“以热定电”运行模式下产生的大量碳排放，通过在供能结构中引入光热电站及地源热泵，有助于打破燃气轮机运行模型限制。与此同时，考虑到风电等清洁能源不确定性对综合能源系统经济调度影响较大，采用信息间隙决策理论进行处理，最终通过算例分析验证了本书所提模型的有效性。

全书研究的创新之处在于：

（1）为了使综合能源系统网络脆弱性分析更加准确，进而更加精准地发现系统中潜在的薄弱环节，根据综合能源系统中多能源耦合的特点，采用复杂网络分析方法对以往传统脆弱性分析指标进行改进，建立适用于综合能源系统的脆弱性分析指标，为建立安全、可靠的综合能源系统提供参考与决策支持。

（2）节点重要度等网络特征参数的引入解决了度数相同的情况下无法对节

点进行合理排序的问题，也证明了在综合能源系统中耦合元器件或与耦合元器件相关联节点对于系统健壮性起到较为重要的作用。

(3)选用改进 Shapley 值模型并引入了风险分摊、投入程度、协作优化和环境污染四个影响因素来对利益分配模型进行修正，考虑因素全面、细致，大大提高了利益分配结果的客观性，可以清楚提醒各主体在运营过程中欠缺的地方。

(4)本书介绍了多种利益分配的方法以及权重计算的方法，最终选用 AHP-熵权法来计算影响因素的权重，避免了权重计算过程中过于主观的弊端，引入客观权重法提高了计算结果的准确性。

(5)本书在供能结构中引入光热电站及地源热泵，充分利用两者作为无碳源的特性以及运行灵活性，可有效提升系统能源转化效率以及减少系统碳排放。从不确定性的角度分析系统运行成本可有效地为调度决策者提供决策依据。

(6)针对不同的用能负荷需求以及 IES 运行模式的限制，划分了多种 IES 运行场景，可有效地将 IES 不同场景的运行状况进行分析，择优选取。模型采用新型智能优化算法——布谷鸟搜索算法进行求解，所得计算结果相比粒子群算法、遗传算法所得结果更优。

6.2　研究展望

综合能源系统脆弱性分析与优化运行问题是一个非常复杂而又综合的问题，对其进行研究加强了能源系统与数学、系统科学等基础学科之间的交叉渗透，具有重要的理论意义和实际价值。本书对理想模型下综合能源系统的脆弱性分析与优化进行了初步研究，限于时间与精力等原因，特别是本人的知识结构的限制，全书的研究还只是初步的探索，作为综合能源系统安全、可靠性分析与运行的一个研究方向，还有更多值得深入研究的问题。在本书的基础上，今后可以进行富有意义的拓展研究，包括：

(1)本书在综合能源系统脆弱性分析结果的基础上，研究综合能源系统拓扑结构优化问题，充分考虑各脆弱性指标计算结果及综合能源系统特性，探索鲁棒性更强，更加抗毁的综合能源系统拓扑结构。

(2)书中仅针对发电企业、电网公司及用户这三个主体进行了收益分配优化研究，而随着综合能源市场的日益壮大，更多主体将会加入综合能源市场中，日后可以进一步研究政府、社会等主体如何与综合能源市场中的其他主体达成合作联盟，研究不同主体参与下对综合能源市场产生的影响，另外，在分配收益时还要考虑系统脆弱性、稳定性等因素的影响。

（3）书中针对系统的能源利用效率及环境污染问题，提出通过改善供能结构提升系统能源利用效率。风电等清洁能源上网空间的提升可以有效降低系统运行成本，通过源网荷储的相互配合来实现这一目标。

参考文献

[1]桂衡. 新一轮能源革命趋势与电力变革创新[N]. 中国工业报,2018.

[2]寇伟. 在贯彻"四个革命,一个合作"能源安全新战略中体现国网担当——写在习近平总书记提出"四个革命,一个合作"能源安全新战略五周年之际[J]. 中国电业,2019(7).

[3]Li Yajnn,Hu Renfian. Exergy-analysis based comparative study of absorption refrigeration and electric compression refrigeration in CCHP systems[J]. *Applied Thermal Engineering*,2016,93:1228—1235.

[4]贾宏杰,穆云飞,余晓丹. 对我国综合能源系统发展的思考[J]. 电力建设,2015,36(1):16—25.

[5]Wang W,Wang D,Jia H,et al. Review of Steady State Analysis of Typical Regional Integrated Energy System Under the Background of Energy Internet[J]. *Proceedings of the Csee*,2016,36(12).

[6]刘小聪,王蓓蓓,李扬,等. 智能电网下计及用户侧互动的发电日前调度计划模型[J]. 中国机电工程学报,2013,39(17):2—9.

[7]王锐,顾伟,吴志. 含可再生能源的热电联供型微网经济运行优化[J]. 电力系统自动化,2011,35(8):22—27.

[8]赖清平,吴志力,崔凯,等. 微电网规划设计关键技术分析与展望[J]. 电力建设,2018,39(2):18—29.

[9]黎静华,桑川川. 能源综合系统优化规划与运行框架[J]. 电力建设,2015,36(8):41—48.

[10]刘文洵,汤燕,刘亚娟. 含多种分布式能源的独立微网优化配置研究[J]. 电力学报,2014,29(4):288—292.

[11]程林，张靖，黄仁乐，等. 基于多能互补的综合能源系统多场景规划案例分析[J]. 电力自动化设备，2017，37(6)：282－287.
[12]吴建中. 欧洲综合能源系统发展的驱动与现状[J]. 电力系统自动化，2016，40(6)：1－7.
[13]朱晗. 基于 DER-CAM 的开发与改进对分布式能源系统的运行策略优化研究[D]. 天津大学，2015.
[14]赵长龙. 微网运行经济性及 HOMER 软件应用研究[D]. 西南交通大学，2012.
[15]王珺，顾伟，陆帅，等. 结合热望模型的多区域综合能源系统协同规划[J]. 电力系统自动化，2016，40(15)：17－24.
[16]甘霖，陈瑜玮，刘育权，等. 含可再生能源的微网冷—热—电多能流协同优化与案例分析[J]. 电力自动化设备，2017，37(6)：275－281.
[17]姜子卿，郝然，艾芊. 基于冷热电多能互补的工业园区互动机制研究[J]. 电力自动化设备，2017，37(6)：260－267.
[18]古云蛟，何海斌，杨青，等. 分布式能源系统规划设计软件 DES-PSO 的设计与开发[J]. 上海电气技术，2016，9(2)：12－17.
[19]葛兴凯，古云蛟. DES-PSO 与现有主要分布式能源规划设计软件的对比[J]. 上海电气技术，2016，9(3)：61－65.
[20]郇嘉嘉，肖勇，陆文升，等. 基于复杂网络理论的区域综合能源系统可靠性评估[J]. 电力建设，2020，41(4)：1－9.
[21]刘文霞，黄钰辰，万海洋，等. 复杂网络理论在能源互联网脆弱性与鲁棒性研究中的应用[J]. 智慧电力，2021，49(1)：14－21.
[22]黄奎安，张一雄，郑涛，等. 基于复杂网络的综合能源系统脆弱环节辨识[J]. 智慧电力，2021，49(1)：29－34，47.
[23]胡哲晟，王蕾，孙可，等. 考虑拓扑结构和运行状态的综合能源系统薄弱节点辨识[J]. 电网技术，2020，44(10)：3709－3717.
[24]丁一，江艺宝，宋永华，等. 能源互联网风险评估研究综述(一)：物理层面[J]. 中国电机工程学报，2016，36(14)：3806－3816.
[25]梁颖，方瑞明，卢小芬，等 . 基于复杂网络理论的电力系统脆弱线路辨识研究现状[J]. 电力系统保护与控制，2012，40(20)：151－155.
[26]刘智辉 . 基于双层耦合网络的智能电网健壮性及其流耦合行为分析[D]. 北京邮电大学，2018.

[27]王辉，朱嘉毅．基于负载率基尼系数的含风电电网健壮性分析[J]．可再生能源，2016，34(2)：208－213.

[28]曹一家，陈晓刚，孙可．基于复杂网络理论的大型电力系统脆弱线路辨识[J]．电力自动化设备，2006(12)：1－5＋31.

[29]梁颖，方瑞明，卢小芬，等．基于复杂网络理论的电力系统脆弱线路辨识研究现状[J]. 电力系统保护与控制，2012，40(20)：151－155.

[30]陈刘瑜，李希建，尹鑫，等．复杂网络理论下燃气管网节点重要性分析方法[J]．中国安全科学学报，2018，28(9)：74－80.

[31]李瀛龙．天然气管网的脆弱性和鲁棒性研究[D]．西南石油大学，2017.

[32]杨楠．基于复杂网络理论的天然气管网复杂性和鲁棒性研究[D]．中国石油大学(北京)，2017.

[33]张淑婷，陆海，林小杰，等. 考虑储能的工业园区综合能源系统日前优化调度[J]. 高电压技术，2021，47(1)：93－103.

[34]Li Yong，Zou Yao，Tan Yi，et al. Optimal stochastic operation of integrated low-carbon electric power，natural gas，and heat delivery system[J]. *IEEE Transactions on Sustainable Energy*，2018，9(1)：273－283.

[35]白牧可，王越，唐巍，等. 基于区间线性规划的区域综合能源系统日前优化调度[J]. 电网技术，2017，41(12)：3963－3970.

[36]郭尊，李庚银，周明，等．考虑网络约束和源荷不确定性的区域综合能源系统两阶段鲁棒优化调度[J]．电网技术，2019，43(9)：3090－3100.

[37]李正茂，张峰，梁军，等．含电热联合系统的微电网运行优化[J]．中国电机工程学报，2015，35(14)：3569－3576.

[38]王子驰，雷炳银，杨灵艺，等. 考虑电热联合需求响应的区域综合能源系统多目标双层优化调度[J/OL]. 电力系统及其自动化学报：1－10[2021－05－23]. 000750.

[39]边晓燕，史越奇，裴传逊，等. 计及经济性和可靠性因素的区域综合能源系统双层协同优化配置[J/OL]. 电工技术学报：1－15[2021－05－23]. 201214.

[40]杜先波，陶苏朦，刘述波，等. 综合能源系统日前—日内多目标优化控制策略[J]. 电测与仪表，2020，57(16)：109－117.

[41]朱兰，田泽清，唐陇军，等. 计及细节层次直接负荷控制的区域综合能源系统多时间尺度优化调度[J/OL]. 电网技术：1－12[2021－05－23]. 2020. 1367.

[42]汤翔鹰，胡炎，耿琪，等. 考虑多能灵活性的综合能源系统多时间尺度优化调度[J]. 电

力系统自动化,2021,45(4):81—90.
[43]王磊,周建平,朱刘柱,等.基于分布式模型预测控制的综合能源系统多时间尺度优化调度[J/OL].电力系统自动化:1—13[2021—05—23].20210315.1837.004.
[44]鞠文韬,崔承刚,杨锦成,等.考虑柔性负荷响应的综合能源系统多尺度优化调度研究[J].浙江电力,2020,39(12):12—19.
[45]郑阳.考虑需求侧管理的综合能源系统多时间尺度优化运行研究[D].北京交通大学,2020.
[46]黄海涛,查俊吉,陈曦,等.基于ADMM算法的多主体综合能源系统分布式协同优化研究[J/OL].电测与仪表:1—9[2021-05-23].20210506.1312.006.
[47]夏明超,花志浩,陈奇芳,等.考虑热环网时延的区域IES分层分布式优化方法[J].电网技术,2021,45(2):470—480.
[48]吴为聪,余涛,瞿凯平,等.计及管存效应的电—气综合能源系统分布式优化调度[J/OL].控制理论与应用:1—12[2021-05-23].20200925.0942.006.
[49]张浩禹,邱晓燕,周晟锐,等.基于机会约束目标规划的多电—气互联综合能源系统分布式优化模型[J].电力建设,2020,41(7):82—91.
[50]吴嘉豪,曾成碧,苗虹.计及子区域间能量交换的多区域综合能源系统协调经济调度[J].电力建设,2019,40(11):39—47.
[51]王丹,孟政吉,贾宏杰,等.基于配置—运行协同优化的分布式能源站选型与定容规划[J].电力自动化设备,2019,39(8):152—160.
[52]周钰童,华亮亮,黄伟,等.计及电热交易的区域综合能源多目标优化配置[J].现代电力,2019,36(4):24—30.
[53]张海峰,汪一波.考虑P2G的电—气综合能源系统分布式最优能量流[J].电测与仪表,2018,55(21):61—67.
[54]任娜,王雅倩,徐宗磊,等.多能流分布式综合能源系统容量匹配优化与调度研究[J].电网技术,2018,42(11):3504—3512.
[55]张涛,朱彤,高乃平,等.分布式冷热电能源系统优化设计及多指标综合评价方法的研究[J].中国电机工程学报,2015,35(14):3706—3713.
[56]雷宇,杨明,韩学山.基于场景分析的含风电系统机组组合的两阶段随机优化[J].电力系统保护与控制,2012,40(23):58—67.
[57]张敏,王金浩,常潇,等.考虑可再生能源不确定性的热—电耦合微能源系统多目标鲁棒规划方法[J].中国电力,2021,54(4):119—129+140.

[58]丁涛，郭庆来，柏瑞，等．考虑风电不确定性的区间经济调度模型及空间分支定界法[J]. 中国电机工程学报，2014，34(22)：3707－3714.

[59]张安安，冯雅婷，黄璜，等. 含天然气压力能利用的综合能源系统优化调度模型[J/OL]. 电力系统自动化：1－17[2021-05-23]. 20201228. 1659. 002.

[60]姚志力，王志新. 计及风光不确定性的综合能源系统两层级协同优化配置方法[J]. 电网技术，2020，44(12)：4521－4531.

[61]刘文霞，李征洲，杨粤，等. 计及需求响应不确定性的综合能源系统协同优化配置[J]. 电力系统自动化，2020，44(10)：41－49.

[62]罗金满，赵善龙，封祐钧，等. 考虑综合需求响应不确定性的电—气综合能源系统优化运行[J]. 中国电力，2020，53(12)：119－126.

[63]王旭强，张鑫，刘红昌，等. 考虑源荷双重不确定性的电—气互联综合能源系统分布鲁棒优化调度[J]. 现代电力，2019，36(6)：52－60.

[64]张津珲，王旭，蒋传文，等. 计及交通流量不确定性的多网耦合综合能源系统优化调度方法[J]. 电网技术，2019，43(9)：3081－3093.

[65]吴刚，刘俊勇，向月，等. 计及中长期合同电量分解和风电不确定性的电—气综合能源系统日前优化调度[J]. 电力自动化设备，2019，39(8)：246－253.

[66]王静，徐箭，廖思阳，等. 计及新能源出力不确定性的电气综合能源系统协同优化[J]. 电力系统自动化，2019，43(15)：2－9.

[67]蒋超凡，艾欣. 计及多能耦合机组不确定性的综合能源系统运行优化模型研究[J]. 电网技术，2019，43(8)：2843－2854.

[68]王瑾然，卫志农，张勇，等. 计及不确定性的区域综合能源系统日前多目标优化调度[J]. 电网技术，2018，42(11)：3496－3506.

[69]Réka Albert，István Albert，Gary L. Nakarado. Structural vulnerability of the North American power grid[J]. *Physical Review E：Statistical，Nonlinear & Soft Matter Physics*，2004，69(2)：025103.

[70]Paolo Crucitti，Vito Latora，Massimo Marchiori. A topological analysis of the Italian electric power grid[J]. *Physica A：Statistical Mechanics and its Applications*，2012，338(1)：92－97.

[71]Motter AE，Lai YC. Cascade－based attacks on complex networks[J]. *Physical Review E：Statistical，Nonlinear & Soft Matter Physics*，2003，66(2)：065102.

[72]孟仲伟，鲁宗相，宋靖雁．中美电网的小世界拓扑模型比较分析[J]. 电力系统自动

化,2004,28(15):21—24.

[73]曹一家,江全元,丁理杰. 电力系统大停电的自组织临界现象[J]. 电网技术,2005,29(15):1—5.

[74]丁明,韩平平. 基于小世界拓扑模型的大型电网脆弱性评估算法[J]. 电力系统自动化,2006,30(8):7—10.

[75]Kleinfeld J S. The small world problem[J]. *Society*,2002,39(2):61—66.

[76]LIU Y,GU X P. Skeleton-network reconfiguration based on topological characteristics of scale－free networks and discrete particle swarm optimization[J]. *IEEE Transactions on Power Systems*,2007,22(3):1267—1274.

[77]Strogatz S H. Exploring complex networks[J]. *Nature*,2001,410(6825):268.

[78]Erdos P,Renyi A. On the Evolution of Random Graphs[J]. *Publication of the Mathematical Institute of the Hungarian Academy of Sciences*,1960,38(1):17—60.

[79]Watts D J, Strogatz S H. Collective Dynamics of ‘small-world’ Networks[J]. *Nature*,1998,(393):440—442.

[80]Newman M. E. J., Watts D. J. Renormalization Group Analysis of the Small-World Network Model[J]. *Working Papers*,1999,263(4—6):341—346.

[81]Barabasi A L,Albert R. Emergence of scaling in random networks[J]. *Science*,1999,(286):509—512.

[82]Geidl M,Koeppel G,Favreperrod P,et al. Energy hubs for the future[J]. *Power & Energy Magazine IEEE*,2007,5(1):24—30.

[83]郝然,艾芊,朱宇超,等. 基于能源集线器的区域综合能源系统分层优化调度[J]. 电力自动化设备,2017,37(6):171—178.

[84]彭克,张聪,徐丙垠,等. 多能协同综合能源系统示范工程现状与展望[J]. 电力自动化设备,2017,37(6):3—10.

[85]Moeini-Aghtaie M,Abbaspour A,Fotuhi-Firuzabad M,et al. A Decomposed Solution to Multiple-Energy Carriers Optimal Power Flow[J]. *IEEE Transactions on Power Systems*,2014,29(2):707—716.

[86]轩俊伟. 基于复杂网络的城市道路网鲁棒性分析[D]. 新疆大学,2015.

[87]刘剑,李兴源,王成,等. 计及抗毁性的输电线路关键性综合评价[J]. 电力自动化设备,2018,38(12):121—127.

[88]罗筱如. 基于复杂网络理论的电力网络鲁棒性及脆弱性分析[D]. 西南交通大学,

2012.
[89]吴辉，彭敏放，张海艳，等. 基于复杂网络理论的配电网节点脆弱度评估[J]. 复杂系统与复杂性科学，2017，14(1)：38－45.
[90]汪昊，吴正平，程洁，等. 基于复杂网络的电网结构静态鲁棒性分析[J]. 通信电源技术，2018，35(1)：33－35，38.
[91]朱国威，王先培，贺瑞娟，等．基于重要度评价矩阵的电网关键节点辨识[J]. 高电压技术，2016，42(10)：3347－3353.
[92]王桂平，王衍，任嘉辰．图论算法理论实现及应用[M]. 北京：北京大学出版社，2011.
[93]Dong X ，Nyberg T R ，Pekka Hämäläinen，et al. Vulnerability analysis of smart grid based on complex network theory[C]// International Conference on Information Science & Technology. *IEEE*，2015.
[94]陈庆华．无标度网络[M]. 上海：上海大学出版社，2010：32－33.
[95]曹一家，陈彦如，曹丽华，等．复杂系统理论在电力系统中的应用研究展望[J]. 中国电机工程学报，2012，32(19)：1－9，178.
[96]钟昌宝，魏晓平，聂茂林，等. 一种考虑风险的供应链利益两阶段分配法[J]. 中国管理科学，2010，18(2)：68－74.
[97]Feng Fenling，Lan Dan. Game analysis of profit distribution of railway heavy haul cargo distribution and transportation system with asymmetric information[J]. *Journal of Central South University(Science and Technology)*，2011，42(5)：1473－1481.
[98]Yao feng，Zhilin. An analysis on distribution of cooperative profit in supply chain based on multi-Agent[J]. *International Conference on Medical Physis and Biomedical Engineering(ICMPBE)*，2012，33：698－704.
[99]谢国辉，张粒子，邵志刚，等. 改进 Shapley 值在协同报价利润分配中的应用[J]. 华东电力，2009，37(2)：232－235.
[100]刁丽琳，朱桂龙，许治. 基于多权重 Shapley 值的联盟利益分配机制[J]. 工业工程与管理，2011，16(4)：79－91.
[101]崔天生，蔺宇，刘静林. 基于 Nash 谈判的包装容器回收逆物流利益分配模型[J]. 价值工程，2013，31(14)：31－33.
[102]Zhao Yanping，Yan Li，Luo Jian-qiang，et al. Research on profit distribution of small & medium sized manufacturing enterprises under joint distribution[J]. *Industrial En-*

gineering and Management,2011,16(1):103—107.

[103]Luis Guardiolaa,Ana MecaaAuthor Vitae,Judith Timmerb. Cooperation and profit allocation in distribution chains[J]. *Decision Support Systems*,2007,44(1): 17—27.

[104]李琳,范体军. 不确定环境下两阶段供应链的期权式契约协调[J]. 系统工程学报,2012,27(6): 812—822.

[105]孟庆峰,盛照前,李真. 供应链网络结构下的回购契约协调机制研究[J]. 软科学,2011,25(7): 33—41.

[106]林略,杨书萍,但斌. 收益共享契约下鲜活农产品三级供应链协调[J]. 系统工程学报,2010,25(4): 484—491.

[107]桑圣举,张强. 模糊需求环境下的供应链契约协调机制研究[J]. 山东大学学报(工学版),2012,42(3): 63—72.

[108]杨铮,彭思成,廖清芬,等. 面向综合能源园区的三方市场主体非合作交易方法[J]. 电力系统自动化,2018,42(14):32—39.

[109]马恒瑞,王波,高文忠,等. 考虑调频补偿效果的区域综合能源系统调频服务优化策略[J]. 电力系统自动化,2018,42(13):127—135.

[110]王旭东,丁一,马世乾,等. 园区综合能源系统互联安全性与运营模式研究[J]. 电力自动化设备,2019,39(8):286—293.

[111]薛金花,叶季蕾,陶琼,等. 面向不同投资主体的分布式光伏运营策略研究[J]. 电网技术,2017,41(1):93—98.

[112]WEI F ,JINGZ X,WU P Z,et al. A Stackelberg game approach for multiple energies trading in integrated energy systems[J]. *Applied Energy*,2017,200:315—329.

[113]LEE J H,GUO J,CHOI J K,et al. Distributed energy trading in microgrids: a game theoretic model and its equilibrium analysis[J]. *IEEE Transactions on Industrial Electronics*,2015,62(6):3524—3533.

[114]付秋芳,马健瑛,忻莉燕. 基于 Shapley-RIEP 值的供应链收益分配模型[J]. 统计与决策,2015(2):52—56.

[115]李军,朱先奇,姚西龙,等. 供应链企业协同创新利益分配策略——基于夏普利值法改进模型[J]. 技术经济,2016,35(9):122—126.

[116]闫庆友,王雅娴,于振华,等. 基于 Shapley 值的京津冀火电行业碳排放因素分解[J]. 生态经济,2018,34(12):29—34.

[117]周长城,马溪原,刘育权,等. 基于合作博弈的工业园区综合能源系统成本分摊及收

益分配方法[J]. 南方电网技术，2018，12(3)：60—65.

[118]谭忠富，宋艺航，张会娟，等. 大规模风电与火电联合外送体系及其利润分配模型[J]. 电力系统自动化，2013，37(23)：63—70.

[119]武昭原，周明，姚尚润，等. 基于合作博弈论的风储联合参与现货市场优化运行策略[J]. 电网技术，2019，43(8)：2815—2824.

[120]曹文英，袁汝华. 基于 Shapley 值修正的跨区域水电项目收益分配研究[J]. 水利经济，2018，36(3)：16—20.

[121]薛屹洵，郭庆来，孙宏斌，等. 面向多能协同园区的能源综合利用率指标[J]. 电力自动化设备，2017，37(6)：117—123.

[122]熊文，刘育权，苏万煌，等. 考虑多能互补的区域综合能源系统多种储能优化配置[J]. 电力自动化设备，2019，39(1)：118—126.

[123]戴建华，薛恒新. 基于 Shapley 值法的动态联盟伙伴企业利益分配策略[J]. 中国管理科学，2004，12(4)：33—36.

[124]曹庆奎，杜恒，赵斐. 基于 Shapley 值法和信息熵的再制造闭环供应链利润分配研究[J]. 河北工程大学学报：社会科学版，2011，28(1)：1—3.

[125]付秋芳，马健瑛，忻莉燕. 基于 Shapley-RIEP 值的供应链收益分配模型[J]. 统计与决策，2015(2)：52—56.

[126]金波. 供应链融资收益分配博弈模型的构建[J]. 统计与决策，2013(5)：51—54.

[127]徐鲲，丁慧平，鲍新中，等. 基于第四方物流双边平台的供应链融资模式及收益分配研究[J]. 北京交通大学学报：社会科学版，2016，15(4)：97—99.

[128]张云. 供应链金融契约优化设计研究[D]. 西安建筑科技大学，2014.

[129]WANG Dan，LIU Liu，JIA Hongjie，et al. Review of key problems related to integrated energy distribution systems[J]. *CSEE Journal of Power and Energy Systems*，2018，4(2)：130—145.

[130]朱兰，王吉，唐陇军，等. 计及电转气精细化模型的综合能源系统鲁棒随机优化调度[J]. 电网技术，2019，43(1)：116—126.

[131]崔杨，曾鹏，仲悟之，等. 考虑富氧燃烧技术的电—气—热综合能源系统低碳经济调度[J]. 中国电机工程学报，2021，41(2)：592—608.

[132]LIU Jing，SUN Wei，Harrison Gareth P. Optimal Low-carbon economic environmental dispatch of hybrid electricity-natural gas energy systems considering P2G[J]. *Energies*，2019，12(7)，1355. https://doi. org/10. 3390/en12071355.

[133]崔杨，曾鹏，王铮，等. 计及电价型需求侧响应含碳捕集设备的电—气—热综合能源系统低碳经济调度[J]. 电网技术，2021，45(2)：447－461.

[134]董海鹰，贠韫韵，马志程，等. 计及多能转换及光热电站参与的综合能源系统低碳优化运行[J]. 电网技术，2020，44(10)：3689－3700.

[135]Yang Shenbo，Tan Zhongfu，Zhao Rui，et al. Operation optimization and income distribution model of park integrated energy system with power-to-gas technology and energy storage[J]. *Journal of Cleaner Production*，2020，247.

[136]崔杨，姜涛，仲悟之，等. 考虑风电消纳的区域综合能源系统源荷协调经济调度[J]. 电网技术，2020，44(7)：2474－2483.

[137]崔杨，姜涛，仲悟之，等. 电动汽车与热泵促进风电消纳的区域综合能源系统经济调度方法[J]. 电力自动化设备，2021，41(2)：1－7.

[138]Zhang Xiaofeng，Zeng Rong，Mu Kang，et al. Exergetic and exergoeconomic evaluation of co-firing biomass gas with natural gas in CCHP system integrated with ground source heat pump[J]. *Energy Conversion and Management*，2019，180：622－640.

[139]孙强，高松，谢典，等. 协调可靠性与经济性的园区综合能源系统优化规划[J]. 电力系统及其自动化学报，2020，32(4)：76－82.

[140]李金良，刘怀东，王睿卓，等. 基于交叉超效率 CCR 模型的综合能源系统综合效率评价[J]. 电力系统自动化，2020，44(11)：78－86.

[141]Evangelos Bellos，Christos Tzivanidis. A review of concentrating solar thermal collectors with and without nanofluids[J]. *Journal of Thermal Analysis and Calorimetry*，2019，135(1)：763－786.

[142]Li Xuan，Wang Xuebin，Li Fan，et al. Wind-thermal-CSP bundling model with an adjustable heat storage strategy for CSP stations[J]. *IEEE Access*，2021，9：25984－25992.

[143]崔杨，张家瑞，仲悟之，等. 计及电热转换的含储热光热电站与风电系统优化调度[J]. 中国电机工程学报，2020，40(20)：6482－6494.

[144]Zheng Jiehui，Kou Yanni，Li Mengshi，et al. Stochastic optimization of cost-risk for integrated energy system considering wind and solar power correlated[J]. *Journal of Modern Power Systems and Clean Energy*，2019，7(6)：1472－1483.

[145]Tan Zhongfu，Yang Shenbo，Lin Hongyu，et al. Multi-scenario operation optimization model for park integrated energy system based on multi-energy demand response

[J]. *Sustainable Cities and Society*,2020,53.

[146]郑宇,李杨,焦丰顺,等. 含风电机组与电转气设备的虚拟电厂竞价策略[J]. 电力建设,2017,38(7):88—95.

[147]汪超群,韦化,吴思缘. 基于信息间隙决策理论的多源联合优化机组组合[J]. 中国电机工程学报,2018,38(12):3431—3440+2.

[148]Shojaei Amir Hossein,et al. Multiobjective reactive power planning considering the uncertainties of wind farms and loads using information gap decision theory[J]. *Renewable Energy*,2021,163 : 1427—1443.

[149]石文超,吕林,高红均,等. 基于信息间隙决策理论的含 DG 和 EV 的主动配电网优化运行[J]. 电力建设,2019,40(10):64—74.

[150]徐航,董树锋,何仲潇,等. 考虑能量梯级利用的工厂综合能源系统多能协同优化[J]. 电力系统自动化,2018,42(14):123—130.

[151]秦婷,刘怀东,王锦桥,等. 基于碳交易的电—热—气综合能源系统低碳经济调度[J]. 电力系统自动化,2018,42(14):8—13+22.

[152]魏震波,魏平桉,郭毅,等. 考虑需求侧管理和碳交易的电—气互联网络分散式低碳经济调度[J]. 高电压技术,2021,47(1):33—47.

[153]李东森,高赐威,赵明. 计及电转气热回收的综合能源系统蓄热罐容量规划与运行策略[J]. 电力自动化设备,2019,39(8):161—168.

[154]贾宏杰,王丹,徐宪东,等 . 区域综合能源系统若干问题研究[J]. 电力系统自动化,2015(7):198—207.

[155]梁海峰,郑灿,高亚静,等 . 微网改进下垂控制策略研究[J]. 中国电机工程学报,2017,37(17):4901—4910.

[156]Gu W,Wang Z,Wu Z,et al. An Online Optimal Dispatch Schedule for CCHP Microgrids Based on Model Predictive Control[J]. *IEEE Transactions on Smart Grid*,2016,(99):1—11.

[157]彭克,张聪,徐丙垠,等 . 多能协同综合能源系统示范工程现状与展望[J]. 电力自动化设备,2017,37(6):3—10.

[158]顾伟,陆帅,王珺,等 . 多区域综合能源系统热网建模及系统运行优化[J]. 中国电机工程学报,2017,37(5):1305—1315.

[159]Javan S,Mohamadi V,Ahmadi P,et al. Fluid selection optimization of a combined cooling,heating and power (CCHP) system for residential applications[J]. *Applied*

Thermal Engineering,2016,96(7):26—38.

[160]林威,靳小龙,穆云飞,等. 区域综合能源系统多目标最优混合潮流算法[J]. 中国电机工程学报,2017,37(20):5829—5839.

[161]陈柏森,廖清芬,刘涤尘,等. 区域综合能源系统的综合评估指标与方法[J]. 电力系统自动化,2018(4):174—182.

[162]Ma H,Wang B,Gao W,et al. Optimal Scheduling of an Regional Integrated Energy System with Energy Storage Systems for Service Regulation[J]. *Energies*,2018,11(1):195.

[163]Shao C,Ding Y,Wang J,et al. Modeling and Integration of Flexible Demand in Heat and Electricity Integrated Energy System[J]. *IEEE Transactions on Sustainable Energy*,2017,(99):1.

[164]王成山,洪博文,郭力,等. 冷热电联供微网优化调度通用建模方法[J]. 中国电机工程学报,2013,33(31):26—33.

[165]Li M,Mu H,Li N,et al. Optimal design and operation strategy for integrated evaluation of CCHP(combined cooling,heating and power) system[J]. *Energy*,2016,99:202—220.

[166]程林,张靖,黄仁乐,等. 基于多能互补的综合能源系统多场景规划案例分析[J]. 电力自动化设备,2017,37(6):282—287.

[167]马恒瑞,王波,高文忠,等. 考虑调频补偿效果的区域综合能源系统调频服务优化策略[J]. 电力系统自动化,2018,42(13):127—135.

[168]曾鸣,韩旭,李源非,等. 基于 Tent 映射混沌优化 NSGA-Ⅱ算法的综合能源系统多目标协同优化运行[J]. 电力自动化设备,2017,37(6):220—228.

[169]Haibo Y U,Zhang C,Deng Z,et al. Economic optimization for configuration and sizing of micro-integrated energy systems[J]. *Journal of Modern Power Systems & Clean Energy*,2017(2):1—12.

[170]Ameri M,Besharati Z. Optimal design and operation of district heating and cooling networks with CCHP systems in a residential complex[J]. *Energy & Buildings*,2016,110:135—148.

[171]施锦月,许健,曾博,等. 基于热电比可调模式的区域综合能源系统双层优化运行[J]. 电网技术,2016,40(10):2959—2966.

[172]刘继春,周春燕,高红均,等. 考虑氢能—天然气混合储能的电—气综合能源微网日

前经济调度优化[J]. 电网技术,2018,42(1):170—178.

[173]Soheyli S,Mayam M H S,Mehrjoo M. Modeling a novel CCHP system including solar and wind renewable energy resources and sizing by a CC-MOPSO algorithm[J]. *Applied Energy*,2016,184:375—395.

[174]瞿凯平,黄琳妮,余涛,等. 碳交易机制下多区域综合能源系统的分散调度[J]. 中国电机工程学报,2018,38(3):697—707.

[175]胡浩,王英瑞,曾博,等. 基于 CVaR 理论的综合能源系统经济优化调度[J]. 电力自动化设备,2017,37(6):209—219.

[176]赵曰浩,彭克,徐丙垠,等. 综合能源系统分层分布式协调控制方法[J]. 电力自动化设备,2017,37(6):253—259.

[177]刘涤尘,马恒瑞,王波,等. 含冷热电联供及储能的区域综合能源系统运行优化[J]. 电力系统自动化,2018,42(4):113—120,141.

[178]Peng X,Jirutitijaroen P. A probabilistic unit commitment problem with photovoltaic generation system[C]// TENCON 2009—2009 IEEE Region 10 Conference. IEEE, 2009:1—6.

[179]杨艳红,裴玮,屈慧,等. 基于广义 Benders 分解的分布式热电联供机组规划方法[J]. 电力系统自动化,2014,38(12):27—33.

[180]吴鸣,骆钊,季宇,等. 基于模型预测控制的冷热电联供型微网动态优化调度[J]. 中国电机工程学报,2017,37(24): 7174—7184.

[181]彭怡峰,张浩,曾蓉,等. 微电网蓄热储能消纳弃风的运行模型[J]. 供用电,2016, 33(7):74—78.

[182] Hajabdollahi H, Ganjehkaviri A, Jaafar M N M. Assessment of new operational strategy in optimization of CCHP plant for different climates using evolutionary algorithms[J]. *Applied Thermal Engineering*,2015,75:468—480.

[183]于波,吴亮,卢欣,等. 区域综合能源系统优化调度方法[J]. 电力建设,2016,37(1):70—76.

[184]Ebrahimi M,Ahookhosh K. Integrated energy-exergy optimization of a novel micro-CCHP cycle based on MGT - ORC and steam ejector refrigerator[J]. *Applied Thermal Engineering*,2016,102:1206—1218.

[185] Yang X S,Deb S. Engineering Optimisation by Cuckoo Search[J]. *International Journal of Mathematical Modelling & Numerical Optimisation*,2010,1(4):330—

343.

[186]翁振星,石立宝,徐政,等.计及风电成本的电力系统动态经济调度[J].中国电机工程学报,2014,34(4):514—523.

[187]何湘竹,黄继达.基于约束布谷鸟算法的电力系统经济负荷分配[J].计算机工程,2016,42(3):214—219.

[188]Yang H, Yi D, Zhao J, et al. Distributed optimal dispatch of virtual power plant based on ELM transformation[J]. *Journal of Industrial & Management Optimization*, 2017, 10(4): 1297—1318.

[189]白牧可,王越,唐巍,等.基于区间线性规划的区域综合能源系统日前优化调度[J].电网技术,2017(12):3963—3970.